PAGE DE DROITE

DES HÉLICOPTÈRES DAUPHIN PEDRO

en approche du porte-avions *Charles de Gaulle*.

Jérôme BAROË

Cent ans d'Aéronautique navale en France

Iconographie
Ministère de la Défense

Editions OUEST-FRANCE

NHI
NH 90

AVANT-PROPOS

Lorsque l'amiral Lacaze, ministre de la Marine, décide en août 1910 d'acquérir un premier avion pour la Marine, les réticences de l'état-major sont fortes. Certes, l'aéroplane permet de réaliser le vieux rêve des marins de dépasser les limites de l'horizon et d'observer l'espace environnant – donc les menaces éventuelles – comme aucun bateau n'a jamais pu le faire, mais la fiabilité et les capacités militaires de ces appareils sont encore trop limitées pour inspirer confiance et il faudra plusieurs décennies, jusqu'en 1945, pour que l'Aéronautique navale acquière une place incontestée dans la stratégie navale.

Longtemps, l'avion et l'hydravion ont servi pour l'observation et l'hélicoptère pour le transport. Mais l'évolution des besoins militaires, alliée au perfectionnement continu des appareils, a considérablement élargi l'éventail de leurs capacités militaires. Alors que les dirigeables ont disparu dans les années trente et les hydravions dans les années cinquante, l'avion et l'hélicoptère sont devenus des vecteurs indispensables de la surveillance maritime et des actions en mer ou depuis la mer.

Espace de liberté, la mer est aujourd'hui l'enjeu d'ambitions économiques et politiques. Aux rivalités traditionnelles des États sont venues s'ajouter les activités illicites de groupes informels qui usent de cette liberté pour leurs trafics ou leurs activités criminelles. Prévenir ces menaces et y répondre demande rapidité, adaptabilité et modularité des moyens. Alors que les bateaux assurent une pression militaire lente et progressive mais de longue durée, les moyens aériens apportent réactivité et rapidité. Aéronefs, navires de surface et sous-marins sont donc complémentaires et aujourd'hui, toutes les actions navales s'envisagent avec la participation de moyens aériens.

Un siècle après l'acquisition du premier Farman, le « fait aérien » n'est plus sujet à débat dans la Marine. En complément des traditionnels navires de surface, les sous-marins ont apporté à la fin du XIXe siècle la capacité d'action sous la mer ; au XXe siècle, l'Aéronautique navale a apporté celle d'agir dans l'espace aéromaritime. La Marine est capable d'agir sous la mer, à la surface et au-dessus de la mer. C'est cette troisième dimension, complémentaire des deux autres, que présente ce livre.

PAGE DE GAUCHE
PARTIE ARRIÈRE DU PONT DU PORTE-AVIONS *CHARLES DE GAULLE*
avec les différents types d'appareils du groupe aérien embarqué.

DES ORIGINES À 1945 : LE TEMPS DES RÉSISTANCES ET DES HÉSITATIONS

Au début du XXe siècle, le cuirassé est le navire de référence des flottes de guerre. La bataille navale est considérée comme l'engagement suprême et le cuirassé, par sa puissance de feu, doit assurer la maîtrise des mers.

Face à ces puissants navires de guerre, l'aviation n'en est encore qu'à ses balbutiements. Sans même parler de la fiabilité très relative des aéronefs, leur fragilité et leur capacité d'emport presque nulle les rendent inaptes au combat naval. L'aviation n'est donc pas une priorité pour la Marine. Peu à peu cependant, en dépit de nombreuses réticences et d'hésitations, au cours des premières décennies du XXe siècle, l'aéronef trouve sa place dans la Marine.

Apparue à la fin du XVIIIe siècle, l'aérostation se développe tout au long du XIXe siècle. On remarque rapidement les similitudes entre la conduite d'un navire et celle d'un ballon. Ne dit-on pas « navigation aérienne » ? Pendant la guerre de 1870, des marins sont appelés en renfort pour piloter des ballons libres qui sortent par la voie des airs de Paris assiégé.

À la même époque, l'intérêt de repousser les limites de l'horizon en observant la mer depuis un ballon n'a pas échappé aux marins.

Au cours des premières années du XXe siècle, la Marine s'intéresse surtout aux dirigeables. Considérés comme de véritables navires volants, ils peuvent servir pour la surveillance et la détection en mer. Les avions sont encore à cette époque perçus comme essentiellement utiles à terre et sans grand intérêt militaire et maritime.

PAGE DE GAUCHE
LA PREMIÈRE MISSION DE L'AÉROSTATION
puis plus tard de l'aviation navale : observer la mer depuis le ciel.

Les rapides progrès de l'aviation

Depuis le premier « vol » de Clément Ader en 1890, les tentatives se multiplient pour mettre au point des aéroplanes, mais c'est l'invention du moteur à explosion, conçu pour l'automobile, qui permet à l'aviation de faire de rapides progrès.

Le véritable tournant a lieu le 25 juillet 1909, lorsque Louis Blériot traverse la Manche en effectuant un vol de quarante kilomètres. Pour la première fois, l'avion cesse d'être une affaire artisanale... et quelque peu folklorique. Les pouvoirs publics commencent à s'y intéresser et les constructeurs se tournent d'eux-mêmes vers les armées, espérant y trouver des acheteurs éventuels. L'exploitation commerciale étant

CI-DESSUS
DES MARINS PARTICIPENT À LA CONDUITE DES BALLONS
qui partent de la capitale assiégée, pendant le siège de Paris.

CI-DESSUS
LOUIS BLÉRIOT EFFECTUE LA PREMIÈRE TRAVERSÉE DE LA MANCHE EN AVION, LE 25 JUILLET 1909.
Son exploit incite la Marine à s'intéresser à l'aviation.
MAE.

CI-CONTRE
« L'OISEAU » DE CLÉMENT ADER.
Au début du XXe siècle, l'aviation encore balbutiante passionne le public.
MAE.

CI-DESSOUS
UN PROJET D'HYDRAVION EN 1901.
MAE.

N° 28. — 12 Septembre 1891. Parait tous les Samedis. LE NUMÉRO 10 CENTIMES

LA SCIENCE FRANÇAISE

REVUE POPULAIRE ILLUSTRÉE

ABONNEMENTS : Un An { FRANCE..... 6 FR. / ÉTRANGER.. 8 — || Rédacteur en Chef : CHARLES SIMOND || L. BOULANGER, Éditeur, 83, RUE DE RENNES, — PARIS

TEXTE. — Les feux d'artifices d'amateurs, S. MOULINS. — Un baromètre enregistreur, E. MALHER. — L'Oiseau de M. Ader, G. BÉTHUYS. — Les Eponges, CH. AUGU. — Les torpilles, CLAUDE MANCEAU. — La lecture des cartes, COMMANDANT CROUZET. — L'électricité pour l'éclairage et le chauffage, BARBIER. — Variétés scientifiques : La carpe à bon marché, C. S. — Notes et questions, D. R. C. — Causeries sur la Photographie (suite), L. TISSERAND. — ROMAN : La Prise de Londres au XXe siècle, par P. FERRÉOL.

ILLUSTRATIONS. — Les nouveaux aérostats : L'oiseau de M. Ader, dessin de BALADIEZ, gravure de TELLIER. — Un baromètre enregistreur. — Appareil Redier : Petit baromètre anéroïde Redier. — Les Eponges : *Gant de Neptune, Eponge de l'Adriatique, Spongio Cyona, Eponge de Syrie, Ephydatie*, A. DE BAR. — Les torpilles. — L'électricité pour le chauffage et l'éclairage : Poêles Giraud.

LES NOUVEAUX AÉROSTATS

(Dessin de BALADIEZ.) L'OISEAU DE M. ADER. (Gravure de TELLIER.)

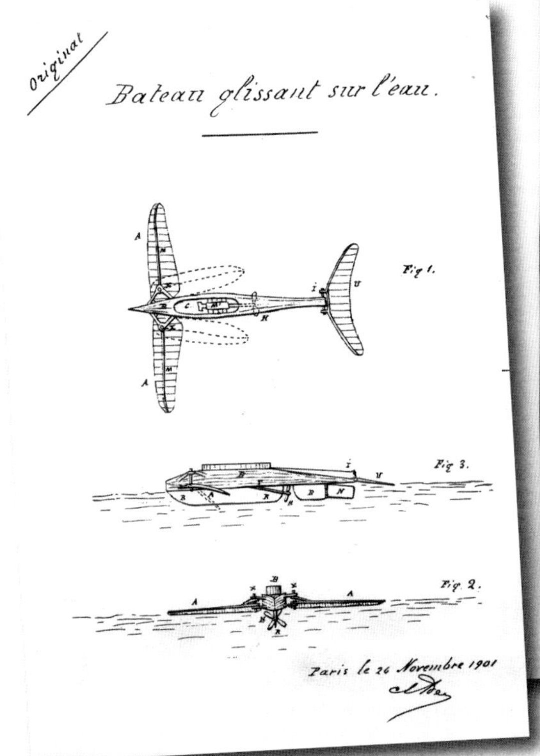

encore inexistante, seul un usage militaire pourrait permettre de poursuivre la fabrication d'appareils de plus en plus perfectionnés et coûteux.

Pour la Marine, l'exploit de Blériot montre que l'avion, devenu plus fiable, peut être un moyen d'observation au service d'une flotte, d'autant que sa vitesse nettement supérieure à celle des bateaux lui permet de survoler de vastes zones, même si, à l'époque, les avions ne peuvent encore guère s'éloigner des côtes.

1910 : la création de l'aviation maritime

Dès 1910, la Marine désigne sept officiers pour suivre des cours de pilotage d'aéroplanes dans les écoles de plusieurs constructeurs.

En avril 1910, le ministre de la Marine charge une commission d'étudier l'emploi des aéronefs – essentiellement des dirigeables – dans la guerre sur mer. Les conclusions sont rendues dès juillet et, d'une façon inattendue, la commission juge le dirigeable dangereux et coûteux et propose de faire porter l'effort sur l'aéroplane.

1910-1911 : les premiers exploits de l'aviation maritime

Le 28 mars 1910, Henri Fabre fait décoller son hydroaéroplane de l'étang de Berre et parcourt huit cents mètres à l'altitude de cinq mètres. Le 14 novembre de la même année, le pilote américain Eugene Ely décolle du croiseur USS *Birmingham* à partir d'une rampe de vingt-cinq mètres. Le 18 janvier 1911, il atterrit sur le croiseur USS *Pennsylvania* dans la baie de San Francisco ; c'est le premier appontage. Le croiseur avait été équipé à l'arrière d'une plate-forme de trente-six mètres sur laquelle un système de freinage, en fait des brins d'arrêts rudimentaires tendus entre des sacs de sable, avait été installé. Son avion, muni d'un crochet à l'arrière, devait les attraper.

CI-DESSUS
HENRI FABRE, qui avait fait son service militaire dans la Marine à Saint-Raphaël, décolle le 28 mai 1910 de l'étang de Berre avec son « hydroplane », hydravion qu'il avait lui-même fabriqué. MAE.

PAGE DE GAUCHE
LE FARMAN, premier avion acquis par la Marine en décembre 1910.
MAE.

CI-DESSUS
LE LIEUTENANT DE VAISSEAU BYASSON, premier pilote d'avion de la Marine, à qui est attribué le premier appareil.
MAE.

Convaincu, le ministre ordonne dès le mois d'août l'achat d'un premier aéroplane et la création d'un parc d'avions à Toulon. Un biplan Farman est commandé en septembre. Il est livré à la Marine le 26 décembre 1910. Son premier pilote est le lieutenant de vaisseau Byasson, qui devient ainsi le premier pilote d'avion de la Marine.

Les fortes réticences du milieu maritime

L'amiral Lacaze, ministre de la Marine, en acceptant les conclusions de la commission et en ignorant les critiques, faisait incontestablement preuve de clairvoyance. La création d'une aviation maritime est cependant mal accueillie par l'état-major de la Marine encore largement dominé par les partisans du croiseur lourd. En novembre 1910 sont d'ailleurs mis en chantier le *Jean Bart* et le *Courbet*, cuirassés de 28 500 tonnes. Face à leur exceptionnelle puissance, l'aéroplane n'inspire guère confiance. Constitué de bois et de toile, son utilité militaire reste douteuse. Ses détracteurs relevèrent d'ailleurs que sa fragilité en ferait la cible facile de l'artillerie embarquée et que sa seule protection serait de voler haut, perdant ainsi le peu d'intérêt qu'il présentait pour l'observation.

Ces critiques ne sont pas propres à la France. En 1907, les frères Wright, qui proposent leur avion à la Royal Navy, sont éconduits au motif qu'il ne présente aucun intérêt pratique.

Les initiatives du capitaine de vaisseau Daveluy

C'est à un ancien commandant de sous-marin, le capitaine de vaisseau Daveluy, sans connaissance particulière de l'aviation mais connu pour ses qualités d'organisateur, qu'il revient en juin 1911 de mettre sur pied l'organisation de l'aviation maritime récemment créée.

Après avoir été lui-même formé comme pilote, il propose en décembre 1911 la création d'un service spécifique indépendant des structures de la Marine et des constructions navales. Cette autonomie lui semble essentielle pour le développement de l'aviation dont les besoins sont différents de ceux de la flotte. Il envisage par ailleurs d'implanter un aérodrome naval sur le site de Fréjus-Saint-Raphaël et préconise d'adopter trois types d'aéronefs, l'hydravion ou l'avion côtier, l'avion embarquable, capable de décoller d'un navire et le croiseur aérien à long rayon d'action destiné à remplacer progressivement le dirigeable.

Ses propositions sont acceptées par le ministre mais se heurtent à une forte inertie, sinon à une franche hostilité de l'état-major. Dépité, il démissionne en mars 1912.

CI-CONTRE
LE CAPITAINE DE VAISSEAU DAVELUY, ancien commandant de sous-marin, à qui il revient de proposer la première organisation de l'aviation navale.
MAE.

Malgré tout, l'aviation navale poursuit son développement et acquiert en 1911 un hydravion *Canard Voisin* et trois nouveaux pilotes sont brevetés.

CI-CONTRE
AVION « CANARD VOISIN » acquis par la Marine en 1911.
MAE.

1912 : la création officielle du Service de l'aviation maritime

En dépit des réticences de l'état-major, le Service de l'aviation maritime est créé par décret le 20 mars 1912. Il comprend un centre d'aviation à Fréjus-Saint-Raphaël, un bâtiment porteur d'hydravions, la *Foudre,* ainsi que le personnel et le matériel de l'aviation maritime. En juillet 1914, il devient le Service central de l'Aéronautique maritime et se compose d'une branche pour les avions et d'une autre pour les dirigeables.

La création de ce service central, qui existe jusqu'en 1997, peut être considérée comme l'institutionnalisation de l'Aéronautique maritime et sa reconnaissance officielle par la Marine.

Alors que la Marine acquiert progressivement d'autres avions et que de nouveaux pilotes sont brevetés, un programme de développement cohérent de l'Aéronautique maritime est approuvé en octobre 1912 pour la période 1913 à 1916. Bien engagé, il est cependant interrompu par la Première Guerre mondiale.

CI-DESSUS
CENTRE D'AVIATION DE FRÉJUS-SAINT-RAPHAËL,
première implantation de l'aviation navale (photographié ici en 1917).
ARDHAN.

La *Foudre*, premier porte-hydravions français

En 1911, la *Foudre*, un ancien navire porte-torpilleurs lancé en 1895, est transformé pour devenir le premier bâtiment de l'Aéronautique maritime : un mât de charge est installé pour la récupération des hydravions et, en avril 1914, une plate-forme provisoire sur la plage avant. C'est de cette plate-forme que, le 8 mai 1914, le constructeur René Caudron réussit le premier décollage d'un avion à partir d'un bateau français.

Au même moment, la Marine étudie d'autres projets d'embarquement d'avions ou d'hydravions sur des navires, mais la plupart d'entre eux ne trouvèrent pas de suite concrète immédiate.

Hormis la participation à des manœuvres navales, l'activité de la *Foudre* reste limitée et il est très peu utilisé pendant la guerre.

CI-DESSUS
LA *FOUDRE*, PREMIER BÂTIMENT DE L'AVIATION MARITIME.
Ici, un « Canard Voisin » s'en éloigne. ARDHAN.

1914-1918 : le sous-marin et l'avion bouleversent la stratégie navale

À la veille du conflit, l'Aéronautique maritime, qui en quatre ans a connu un développement spectaculaire, dispose encore d'un matériel hétéroclite et ne peut compter que sur quelques dizaines d'hommes, alors que l'Aéronautique militaire de l'armée compte déjà cent trente-huit avions et six cents hommes.

Alors qu'aucune doctrine d'emploi n'est encore établie, quelques esprits perspicaces, en France et à l'étranger, perçoivent cependant que l'avion, comme le sous-marin, est sur le point de bouleverser la guerre sur mer.

Comme sur terre où la guerre s'enlise dès la fin de 1914, le conflit sur mer n'obéit pas non plus au schéma attendu. En l'absence de bataille navale proprement dite, les gros bâtiments de ligne servent peu. En revanche, le blocus allié conduit les Allemands à utiliser massivement l'arme sous-marine, jusqu'alors impensable pour sa cruauté et son caractère jugé immoral.

L'aviation navale est largement engagée dans cette lutte contre les sous-marins, surtout à partir de 1916, et y trouve sa légitimité militaire.

CI-CONTRE
UN HYDRAVION DONNET-DENHAUT
du centre de Camaret vu d'un bâtiment escorté en 1918.
ARDHAN.

Les premières participations aux combats

Dès août 1914, les avions et hydravions de la Marine sont affectés à des secteurs sensibles comme le détroit de Bonifacio et la région de Nice pour assurer une surveillance aérienne du littoral.

En novembre 1914, les Britanniques, qui s'attendent à une attaque ottomane, demandent à la Marine française le transfert d'hydravions à Port-Saïd en Égypte. La *Foudre* les convoie sur place afin qu'ils soient embarqués sur des porte-hydravions britanniques. Ils y restèrent jusqu'en 1916, effectuant des missions de reconnaissance au-dessus de la mer et du désert.

Les combats se stabilisant peu à peu de la frontière suisse à la mer du Nord, l'aviation navale reçoit l'ordre de prendre position dans le pas de Calais, non loin des ports belges où la Marine allemande est présente. Un centre d'aviation maritime est créé à Boulogne-sur-Mer en décembre 1914 puis rapidement transféré à Dunkerque. Le centre comprend des hydravions chargés de patrouiller dans le détroit du Pas-de-Calais et dans le sud de la mer du Nord, et des avions biplan Voisin.

CI-CONTRE
UN HYDRAVION FBA
du centre de Toulon-Saint-Mandrier au décollage en 1918.
ARDHAN.

CI-DESSOUS
UN DES NIEUPORT FRANÇAIS
opérant sur le front des Dardanelles en 1917.
ARDHAN.

Ils doivent repérer les navires et sous-marins ennemis et bombarder les bases navales allemandes de Belgique.

En Méditerranée, une escadrille d'hydravions est envoyée à Venise en mai 1915 pour aider l'Italie qui doit contrôler l'Adriatique contre la flotte autrichienne. Insuffisamment armés, les appareils subissent d'importantes pertes au combat. Une petite escadrille s'installe quelques mois plus tard à Brindisi au sud de l'Italie.

Sur le front balkanique, l'aviation maritime participe aussi modestement aux opérations des Dardanelles de mars à mai 1915. Elle y repère principalement les bâtiments turcs et effectue quelques réglages d'artillerie au profit des bâtiments de guerre français engagés dans cette terrible opération.

CI-DESSUS
UN HYDRAVION FBA
de l'aviation maritime française le long du porte-hydravions britannique *Campinas* en 1918.
ARDHAN.

CI-DESSOUS
HYDRAVIONS TELLIER ET DONNET-DENHAUT
sur des rampes d'alerte en 1918 au centre d'hydravions de Camaret.
ARDHAN.

CI-CONTRE
LE CENTRE FRANÇAIS D'HYDRAVIONS DE CORFOU EN 1916.
ARDHAN.

L'aviation maritime se réorganise

Face à l'augmentation des menaces que fait peser la flotte allemande, l'aviation maritime est contrainte de se réorganiser en 1916. Les huit centres existants (Dunkerque, Boulogne, Le Havre, Saint-Raphaël, Venise, Corfou, Salonique et Bizerte) sont renforcés par dix-huit nouveaux centres créés tout le long du littoral en Méditerranée (y compris en Afrique du Nord) et en Atlantique. Dans le même temps, trois navires de commerce sont transformés en porte-hydravions ; mais seul le *Campinas* est utilisé jusqu'en 1918.

Les nouveaux besoins militaires nécessitent l'acquisition d'appareils toujours plus nombreux et performants. Pour accompagner les rapides évolutions du matériel, une commission d'études pratiques de l'Aéronautique est instituée en septembre 1916 pour procéder aux études sur les nouveaux matériels et leur armement et former les pilotes et le personnel navigant.

CI-CONTRE
VUE AÉRIENNE DU CENTRE D'HYDRAVIONS DE CAMARET EN 1918.
ARDHAN.

La lutte contre la guerre sous-marine

Pour contrer le blocus maritime des Alliés, les Allemands se livrent dès février 1915, mais surtout à partir de février 1917, à une guerre sous-marine à outrance ; la menace est omniprésente en Méditerranée et en Atlantique. Pour y faire face, le gouvernement crée en juin 1917 une délégation générale à la guerre sous-marine qui réunit et coordonne tous les services qui participent à la lutte contre les sous-marins. L'Aéronautique maritime lui est évidemment rattachée.

La guerre sous-marine donne une accélération considérable à l'aviation maritime. Fin 1916, elle dispose de cent dix appareils armés et de plus de mille hommes. Ce développement s'amplifie pendant les deux dernières années de la guerre. Pour assurer la défense du littoral, la délégation à la guerre sous-marine obtient un programme de construction de plusieurs centaines d'avions et d'hydravions. Les recherches s'intensifient pour augmenter la puissance des moteurs et le rayon d'action des avions.

Jusqu'en 1916, l'action des avions et hydravions reste limitée. Les moyens de communication se réduisent aux pigeons.

CI-DESSUS
QUATRE PILOTES D'HYDRAVIONS DU CENTRE DU HAVRE EN 1917.
ARDHAN.

CI-CONTRE
UN HYDRAVION TELLIER
bombarde un sous-marin en septembre 1918.
ARDHAN.

CI-DESSUS
UN PETIT DIRIGEABLE SS 18 rentre de patrouille anti-sous-marine, au centre d'aviation de Boulogne, en juillet 1916.
ARDHAN.

CI-CONTRE
UN HYDRAVION DE CAMARET survole un des nombreux convois venant des États-Unis et arrivant à Brest, en 1918.
ARDHAN.

A DROITE
LE CENTRE D'HYDRAVIONS AMÉRICAIN DE FROMENTINE près de Noirmoutier en novembre 1918.
ARDHAN.

Les centres à terre et les navires ne sont donc pas informés à temps des menaces détectées par les avions. C'est seulement dans le courant de l'année 1917 que la TSF commence à être installée entre les centres, les navires militaires et les aéronefs. De plus, les quelques bombes qu'ils emportent sont totalement inefficaces pour neutraliser les sous-marins.

À partir de 1917, la guerre contre les sous-marins change d'aspect et les avions et hydravions prennent directement part à la protection des convois. Leur vitesse nettement supérieure à celle des bateaux leur permet d'explorer les zones à l'avant des convois, contraignant les sous-marins à plonger. Ils peuvent aussi informer les bateaux et participer au réglage des tirs de

CI-CONTRE
DIRIGEABLE UTILISÉ POUR LA SURVEILLANCE CÔTIÈRE.
La Marine les utilise alors que l'armée de terre les trouve trop vulnérables à l'artillerie.
MAE.

l'artillerie embarquée. Comme le nombre de centres à terre augmente continuellement, les convois bénéficient d'une continuité d'escorte sur tout le littoral, bien que les hydravions ne volent pas au-delà de quarante milles au large.

À partir de 1917 et à la suite de l'entrée en guerre des États-Unis aux côtés des alliés, l'US Navy arme une dizaine de centres aéronautiques en Atlantique et en mer du Nord.

Il est difficile d'évaluer le rôle effectif joué par l'aviation maritime dans la lutte contre les sous-marins car les pertes restent la plupart du temps sans explication. En détectant un sous-marin, l'avion ou hydravion permet parfois à un navire d'escorte de le bombarder et de le couler, son rôle est alors indirect mais réel. Ils auront donc surtout contraint les submersibles à patrouiller loin des côtes et à plonger pour ne pas être repérés.

En 1916, la Marine crée une flotte de dirigeables. Ils sont aussi destinés à la chasse aux sous-marins dans l'Atlantique. Alors que l'armée avait renoncé à leur usage en les jugeant trop vulnérables sur le front terrestre, la Marine les considère comme un moyen de reconnaissance efficace. Une quarantaine sont livrés pendant la guerre. Quant aux ballons captifs, munis d'une nacelle d'observation et remorqués par de petits bâtiments, ils apparaissent en avril 1917 et sont chargés du repérage de mines en zone côtière.

CI-DESSOUS
BALLONS CAPTIFS au centre d'aérostation de Rochefort pendant la guerre.
MAE.

Situation de l'Aéronautique maritime à la fin du conflit

La guerre a permis un développement considérable de l'aviation maritime. En 1918, elle compte 36 centres d'aviation répartis sur le littoral ainsi que 20 centres de ballons captifs et 12 de ballons dirigeables.

Sur les 1 260 avions et hydravions recensés, 650 sont en état de marche et le reste sert de pièces détachées. L'effectif est de 10 700 personnes dont plus de 1 840 pilotes et volants, d'hydravions ou de ballons.

Ces données, qui peuvent paraître considérables, doivent cependant être relativisées. Les aéronefs, très fragiles, se détériorent rapidement et ont une durée de vie moyenne de six mois. Les autres belligérants sont dans une situation semblable. L'Italie, qui est entrée dans la guerre avec 15 hydravions, en a 1 500 en 1918. L'aviation maritime britannique compte 12 transports d'hydravions et plus de 2 000 aéronefs. À eux seuls, en 1918, les Américains, sur les côtes de France, arment 6 centres d'aviation maritime et autant d'aérostation armés par près de 550 aéronefs.

CI-DESSOUS
UN DES NOMBREUX BALLONS CAPTIFS assurant la surveillance des eaux côtières (ici au Havre en mai 1918).
ARDHAN.

1919-1939 : le temps des hésitations

La guerre avait incontestablement donné une certaine légitimité à la jeune aviation maritime, mais ses équipements restaient rudimentaires, ses missions mal définies et son utilité dans la stratégie navale largement discutée. Cette période d'hésitations se poursuit jusqu'en 1939, malgré de nombreuses expérimentations et des progrès techniques continuels.

Toutes les grandes nations maritimes sont confrontées à ces choix. Seuls le Royaume-Uni, les États-Unis et le Japon, qui veulent contrôler un vaste espace océanique, choisissent le porte-avions sans hésitation. Les pays continentaux, comme l'Allemagne, la France et l'Italie, optent en revanche pour l'aviation côtière et ne s'engagent que très tardivement dans des programmes de porte-avions, qui ne sont d'ailleurs pas réalisés.

Les choix qui sont faits durant ces deux décennies eurent des conséquences majeures pendant le conflit suivant. Les Japonais n'auraient pas pu attaquer Pearl Harbour sans porte-avions ; l'Allemagne regretta longtemps de n'avoir pu disposer de porte-avions opérationnels.

En France, le débat porte sur le choix entre l'avion et l'hydravion. L'hydravion, qui a longtemps les faveurs des marins, apparaît d'un maniement difficile lorsqu'il est embarqué. L'avion s'imposa peu à peu.

CI-DESSUS
DANS LES ANNÉES VINGT, LES ANGLAIS DISPOSENT D'UN SOUS-MARIN PORTE-HYDRAVIONS.
La Marine française en expérimenta aussi un, qui fut rapidement abandonné car peu utilisable.
MAE.

CI-CONTRE
L'AVIATION MARITIME NAISSANTE DONNE LIEU À DES PROJETS FUTURISTES.
Ici un projet anglais d'une rampe de lancement flottante.
MAE.

CI-CONTRE
MONSIEUR LAURENT EYNAC, MINISTRE DE L'AIR, qui avait déclaré : « Tout ce qui vole est à moi ».
MAE.

Quelle place pour l'Aéronautique maritime ?

CI-CONTRE
AVIONS DE TYPE GOLIATH EN 1925.
MAE.

Dès la fin du conflit, alors que les budgets militaires baissent brutalement, la plupart des centres d'aviation maritime sont fermés et les constructions aéronautiques fortement réduites. L'organisation mise en place pendant la guerre disparaît. En décembre 1921, le Service central de l'Aéronautique maritime, supprimé pendant la guerre, est recréé. En 1928, il est absorbé par le ministère de l'Air que le gouvernement crée pour regrouper tous les services de l'administration chargés de questions aéronautiques. Le ministre de l'Air Laurent Eynac ne cache d'ailleurs pas ses ambitions et affirme : « Tout ce qui vole est à moi. » L'armée de l'air, qui est créée le 1er avril 1933, lui est aussi subordonnée.

La Marine s'oppose cependant si fermement à cette intégration qu'elle obtient en 1934 que le Service de l'Aéronautique maritime lui soit de nouveau rattaché. Seule l'aviation embarquée appartient cependant à la Marine, l'aviation maritime à terre étant seulement mise à sa disposition permanente par le ministère de l'Air.

En août 1936, un décret rend presque tous les appareils à la Marine qui les réunit dans l'Aéronautique navale. Le ministère de l'Air garde la responsabilité des études, de la construction des matériels et de la formation initiale des pilotes.

En Europe, les aviations maritimes connaissent la même évolution. Au Royaume-Uni, la Royal Air Force centralise l'essentiel du parc aérien, la Fleet Air Arm, créée en 1924, restant le parent pauvre. En Allemagne, Goering, lui-même pilote, veut contrôler tout ce qui vole.

Le déclin de l'aérostation maritime

Pendant la guerre, les dirigeables avaient participé aux combats, dans la Manche et en mer du Nord notamment. Malgré de notables progrès techniques, ils avaient cependant montré leur manque de maniabilité et leur relative fragilité.

Au titre des dommages de guerre, la France reçoit de l'Allemagne deux dirigeables rigides, rebaptisés *Dixmude* et *Méditerranée.* La base de Cuers-Pierrefeu est spécialement créée pour les accueillir. Au cours d'une traversée de la Méditerranée, le *Dixmude,* commandé par le lieutenant de vaisseau du Plessis de Grénédan, disparaît en mer le 21 décembre 1923. Sa disparition marque le déclin des dirigeables. La *Méditerranée* poursuit son activité jusqu'en 1926.

Quelques ballons sont encore utilisés jusqu'en 1937 mais ils sont progressivement remplacés par les grands hydravions d'exploration, qui assurent les mêmes missions, mais avec une maniabilité infiniment supérieure.

CI-DESSUS
UN BALLON SEMI-RIGIDE EN JUIN 1925.
Ce type d'équipement connaît un rapide déclin dans les années d'après-guerre.
MN.

Le *Dixmude*

Long de 226 mètres, il totalisait un volume de 68 500 mètres cubes. Son équipage comptait 39 hommes.
Après d'importants travaux de 1920 à 1922, il effectue plusieurs ascensions et bat le record du monde de vol sans escale avec 9 000 kilomètres en 118 heures.

En décembre 1923, après une croisière en Afrique du Nord, il disparaît pour une raison restée inconnue entre l'île de Pantelleria et la Sicile.

CI-DESSUS
LE LIEUTENANT DE VAISSEAU DU PLESSIS DE GRÉNÉDAN, commandant du *Dixmude*, qui trouva la mort dans l'accident de son appareil en décembre 1923. MN.

CI-CONTRE
LE *DIXMUDE*, reçu de l'Allemagne au titre des dédommagements de la guerre. MN.

CI-CONTRE
RAMPE DE LANCEMENT INSTALLÉE SUR LE CUIRASSÉ *LORRAINE*
destinée à propulser l'avion qui devait atteindre sa vitesse de sustentation avant de toucher la surface de la mer.
MN.

CI-DESSOUS
L'AVION AU MOMENT OÙ IL PREND SON VOL
vu de la rampe de lancement.
MN.

L'aviation embarquée et les porte-avions

Des tentatives périlleuses mais réussies

Après des premiers essais de décollage effectués en 1912 par la Royal Navy, celle-ci embarque des avions sur les croiseurs puis les cuirassés en 1917 et 1918. La Marine française procède tardivement à quelques essais.
Le 26 août 1918, le lieutenant de vaisseau Guierre parvient à décoller de la plate-forme de 15 mètres montée sur la tourelle du cuirassé *Paris*. Deux ans plus tard, le 20 octobre 1920, le lieutenant de vaisseau Teste, qui s'était blessé en tentant de décoller du *Paris*, se pose sans dommage et décolle par trois fois sur le pont du *Béarn* mouillé sur coffre en rade de Toulon, le bateau n'ayant pas encore reçu de machines. Le 24 octobre, il réitère son exploit sous les yeux d'Adolphe Landry, ministre de la Marine.

Suivant l'exemple du Royaume-Uni, dès la fin du conflit, l'état-major de la Marine décide de reprendre les expérimentations d'avions embarqués, interrompues en 1914.

Au début des années vingt, divers essais de lancement d'avions à roues sont tentés sans grand succès depuis des plates-formes rudimentaires installées sur des bâtiments de guerre.

CI-CONTRE
UN AVION EN PHASE DE DÉCOLLAGE
sur le pont du porte-avions *Béarn*.
MAE.

Finalement, le *Béarn*, un cuirassé dont la construction avait été arrêtée au début de la guerre, est choisi comme bâtiment d'expérimentations. Un pont plat est aménagé avec des brins transversaux reliés à des sacs de sable. Peu après les premiers appontages du lieutenant de vaisseau Teste en octobre 1920, la Marine décide de le transformer en porte-avions. Les travaux traînent en longueur et il n'est admis en service qu'en 1927.

Le *Béarn* porte une trentaine d'avions qui constituent sa « flottille d'aviation ». Elle est constituée d'une section d'entraînement, d'une escadrille de chasse, d'une de reconnaissance et de surveillance et d'une escadrille de bombardement. Le 10 mars 1927, ont lieu le premier appontage à la mer et le premier appontage de nuit.

En 1929, des avions du *Béarn* effectuent des vols d'intimidation au-dessus des territoires du Maroc. C'est d'ailleurs la seule opération de l'Aéronautique navale de 1919 à 1939.

Jusqu'à la Seconde Guerre mondiale, le *Béarn* est utilisé pour des exercices. Diverses expérimentations continuent d'être effectuées à son bord.

Dans les années trente, les porte-avions ne sont pas la priorité de la Marine. Les crédits militaires sont limités et le budget consacré prioritairement à la construction de cuirassés et de sous-marins. Les amiraux Durand-Viel (1931-1936) puis Darlan (1937-1942), à la tête de la Marine, sont peu favorables à l'aviation et ne favorisent pas les programmes de porte-avions.

Il faut attendre 1938 pour que, face à la montée des tensions internationales, les crédits soient votés pour le lancement d'un programme de constructions de deux porte-avions de dix-huit mille tonnes. Dénommés *Joffre* et *Painlevé*, leur construction est arrêtée en 1940 par la guerre puis abandonnée.

CI-CONTRE
LE PORTE-AVIONS BÉARN,
premier porte-avions de la Marine.
MN.

Les hydravions et le transport d'hydravions

Pendant la Première Guerre mondiale, les hydravions avaient été mis en œuvre depuis des plans d'eau côtiers, ce qui, compte tenu de leur rayon d'action réduit, en avait limité l'intérêt militaire.

Dès les années vingt, la Marine envisage d'équiper les cuirassés et les croiseurs d'hydravions qui décolleraient directement du navire. La première catapulte est installée en France sur le croiseur *Primauguet* et, de

EN HAUT ET CI-CONTRE
CATAPULTAGE D'UN HYDRAVION GOURDOU-LESSEURRE
depuis le cuirassé *Loire*.
MN.

1927 à 1939, vingt-deux gros bâtiments en sont progressivement équipés. Quelques avisos et croiseurs embarquent aussi des hydravions sans catapulte.

Un hydravion à ailes repliables est embarqué à bord du sous-marin *Surcouf* de 1935 à 1940. L'appareil, construit spécialement, est entreposé dans un hangar étanche mais l'expérience reste unique en raison de la lenteur de mise à l'eau de l'appareil.

Toujours dans la perspective d'étendre le rayon d'action des hydravions légers, la Marine lance en 1927 la construction d'un transport d'hydravions. Il est achevé en 1932 sous le nom de *Commandant Teste*. Il doit permettre à la France de disposer d'une base d'hydravions déplaçable en fonction des besoins. Le *Commandant Teste* fut surtout utilisé en Méditerranée. Son utilité en haute mer était limitée car la récupération des hydravions nécessitait une mer calme.

CI-DESSUS
LE TRANSPORT D'HYDRAVIONS *COMMANDANT TESTE* AU MOUILLAGE.
ARDHAN.

CI-DESSOUS
LE TRANSPORT D'HYDRAVIONS *COMMANDANT TESTE* SOUS GRAND PAVOIS.
On distingue deux Gourdou Lesserre sur les catapultes bâbord.
ARDHAN.

Les grands hydravions d'exploration

CI-DESSUS
UN CAMS 51 GR À KÉNITRA AU MAROC.
ARDHAN.

CI-DESSOUS
UN FARMAN GOLIATH EMBARQUÉ SUR LE CROISEUR PROVENCE.
MN.

Pendant l'entre-deux-guerres, les avions font des progrès techniques considérables. Les marins participent aux côtés des aviateurs civils et militaires à de nombreuses tentatives de records.

En 1924, l'aviation maritime reçoit des bombardiers Farman F 60 Goliath, d'une masse de sept tonnes dont des versions existent avec roues ou avec flotteurs.

En 1927, le lieutenant de vaisseau Paris, sur un CAMS 51, bat le record du monde d'altitude à 4 684 mètres avec une charge utile de deux mille kilogrammes. En 1931, il s'adjuge plusieurs autres records du monde de vitesse sur un Latécoère 28.

À la veille de la guerre, la Marine dispose d'hydravions lourds pour l'exploration, le bombardement et la surveillance.

Les autogires, ancêtres de l'hélicoptère

Dès 1934, la Marine s'intéresse à l'autogire, l'ancêtre de l'hélicoptère. En raison de sa capacité de décollage et d'atterrissage très court, il semble adapté à l'embarquement sur les bâtiments de surface.

En 1936, des essais sont menés sur un autogire LeO C-30 type La Cierva. Un appontage est tenté sur le *Béarn* en 1937 mais se solde par un échec. Une escadrille de six appareils est cependant constituée en 1939 et utilisée jusqu'en 1940 pour la recherche de mines mouillées en mer. Repliés sur Lanvéoc, les appareils sont abandonnés lors de l'avancée allemande.

CI-DESSUS ET EN HAUT
LES AUTOGIRES, premiers aéronefs à voilure tournante de la Marine, sont l'ancêtre de l'hélicoptère. MN.

La Seconde Guerre mondiale, l'Aéronautique navale éclatée

CI-CONTRE
DÉBUT 1940, L'ARMÉE DE L'AIR CÈDE DES POTEZ 63 à la flottille de chasse de la Marine.
ARDHAN.

En 1939, à la déclaration de guerre, l'aviation navale compte dix mille hommes et environ trois cent soixante-dix avions et hydravions. De modèles très divers et pour l'essentiel anciens, ils sont peu adaptés pour affronter l'aviation moderne allemande.

Dès les premiers combats, l'arme aérienne démontre sa puissance. Les conquêtes allemandes reposent en grande partie sur l'utilisation massive de l'aviation.

CI-DESSOUS
MAI 1940, UN LOIRE 130 du croiseur *Foch* sur la catapulte.
ARDHAN.

En mer, comme pendant la Première Guerre mondiale, les grands navires de surface, orgueil de toutes les grandes flottes ne sont que rarement engagés et leur rôle militaire insignifiant. En revanche, les sous-marins, grâce au progrès des transmissions et à de nouvelles méthodes de combat prouvent encore une fois leur rôle désormais majeur dans la guerre navale.

Si l'Aéronautique navale basée à terre prouve son efficacité dès les premiers engagements, ce sont surtout les porte-avions et leur aviation embarquée qui jouent un rôle déterminant. Le 11 novembre 1940, à Tarente, les avions de l'*Illustrious* détruisent, au cours d'une attaque nocturne, près du tiers de la flotte italienne. En mai 1941, les avions du HMS *Ark Royal* touchent et endommagent fortement le cuirassé *Bismarck*, à l'époque le cuirassé le plus puissant du monde. Mais c'est surtout dans le Pacifique que le porte-avions joue un rôle essentiel.

Confrontée aux aléas politiques et militaires, l'Aéronautique navale française participe très modestement à ces bouleversements stratégiques et tactiques.

La campagne de France : les premiers vrais combats de l'Aéronautique navale française

Pendant la « drôle de guerre », malgré l'absence de combats, les flottilles du *Béarn* sont débarquées et rejoignent, comme en 1914, les bases du Pas-de-Calais. Une flottille d'hydravions torpilleurs Laté 298 stationne aussi à Boulogne-sur-Mer.

Dès l'offensive allemande de mai 1940, les flottilles de chasses sont engagées. Elles ne font pas le poids face aux Heinkel allemands et subissent de lourdes pertes. À partir du 21 mai, face à l'avancée allemande, toutes les formations se replient sur Cherbourg puis, fin juin, sur les bases du sud de la France et en Afrique du Nord.

En juin 1940, lorsque l'Italie entre en guerre, les unités de l'Aéronautique navale en Méditerranée et en Afrique du Nord sont engagées contre l'aviation italienne.

En juin, le *Béarn*, sans avions, est envoyé au Canada pour convoyer cent vingt-quatre tonnes d'or qui, selon la loi *Cash and Carry*, doivent payer des avions militaires achetés aux États-Unis. Il appareille d'Halifax le 16 juin avec une centaine d'avions S Curtis SB2C-4 Helldiver et Curtis H75A-4 Hawk mais reçoit peu après l'ordre de se dérouter vers la Martinique pour que les avions, compte tenu des événements en France, ne tombent pas aux mains de l'ennemi. Il y reste jusqu'en 1943. Le porte-hydravions *Commandant Teste* fait lui aussi quelques missions sans grand intérêt stratégique entre la France et l'Afrique du Nord, puis, revenu à Toulon, est sabordé en 1942. À partir de 1940, la France n'a donc plus aucun porte-aéronefs utilisable.

Les engagements compliqués outre-mer

Parallèlement, jusqu'en 1941, l'Aéronautique navale se trouve impliquée dans plusieurs territoires coloniaux. Sa situation est d'autant plus inconfortable que les colonies sont un enjeu capital entre les Alliés et les Français libres d'une part et le gouvernement de Vichy d'autre part.

Lorsque la Marine britannique, le 3 juillet 1940, attaque la flotte française de Mers el-Kébir, les hydravions Loire 130 des cuirassés *Dunkerque* et *Strasbourg* sont engagés pour des missions d'observation, aidés par six appareils du *Commandant Teste* basés à Arzew qui décollent aussi pour s'opposer aux navires anglais,

De même le 23 septembre 1940, lorsqu'une flotte britannique se présente devant Dakar pour tenter de rallier l'Afrique-Occidentale française à la France libre, l'Aéronautique navale présente à Dakar s'oppose efficacement aux avions anglais. En représailles, des appareils de la Marine et de l'armée de l'Air basés en Afrique du Nord

CI-DESSUS
DEWOITINE 520
à Tafaraoui (Algérie) en 1941. ARDHAN.

CI-DESSUS
DEUX MARTIN 167
au-dessus
de l'Algérie
en mars 1941.
ARDHAN.

bombardent symboliquement le territoire britannique de Gibraltar.

En Indochine, dès septembre 1940, une section d'hydravions de la Marine est constituée sur la base de l'armée de l'air de Cat Laï en Cochinchine. En janvier 1941, ils sont engagés au sein d'une force navale constituée pour s'opposer aux prétentions territoriales du Siam, aiguillonné par les Japonais. Les hydravions servent pour des missions de repérage et de surveillance.

C'est en Syrie, de juin à juillet 1941, que l'engagement outre-mer le plus sensible a lieu puisqu'il oppose des Français de Vichy à ceux de la France libre. Le but des Britanniques, aidés des Français libres, est de prendre position en Syrie, sous mandat français, pour empêcher les Allemands d'en utiliser les ports et les aérodromes. Dès l'arrivée des troupes britanniques, deux escadrilles de bombardiers Martin 167F puis une de chasse, armée de Dewoitine 520, sont envoyées d'Afrique du Nord. Elles s'opposent très violemment aux avions britanniques et subissent de lourdes pertes. En juillet, lorsque les combats prennent fin, seuls quatre des treize Martin 167F sont encore en état de vol et rejoignent leurs bases.

Le 8 novembre 1942, le débarquement allié en Afrique du Nord donne lieu à de sévères affrontements.

Au Maroc, les avions de combat de la Marine sont rassemblés à Port-Lyautey avec douze Martin de la 3F et vingt Dewoitine 520 de la 1F. Le bilan des avions détruits en trois jours de combat est de quarante appareils pour l'US Navy et de quatre-vingts pour les forces aériennes françaises (Marine et armée de l'air).

En Algérie, l'arrivée des troupes américaines à Arzew et l'attaque des Seafire britanniques sur Tafaraoui clouent les appareils au sol. Après des combats fratricides, l'Afrique du Nord se range du côté des Alliés.

Les pilotes au sein des Forces navales françaises libres (FNFL)

Dès juin 1940, quelques pilotes et techniciens de l'aviation navale rallient l'Angleterre et sont incorporés à titre personnel dans la Royal Air Force. Certains d'entre eux participèrent à la bataille d'Angleterre.

Le 30 juin 1940, le général de Gaulle décide de créer les forces navales françaises libres. En avril 1941, l'amiral Muselier dispose de 10 pilotes de la Marine, de 80 mécaniciens et de 20 mitrailleurs et radio. Le 340 Squadron, créé le 1er novembre 1941 au sein de la RAF, prend le nom de groupe Air Marine-Île-de-France et est doté de Spitefire. Il participa à de nombreux combats au-dessus de la Manche. Pendant le débarquement de Dieppe en août 1942, il assura la couverture aérienne et combattit âprement la chasse allemande.

En 1943, un groupe de pilotes embarqués est créé au sein des FNFL. Quatre pilotes et des mécaniciens sont détachés dans la Fleet Air Arm puis affectés au 807 Squadron où ils volent sur Seafire 4, version navalisée du Spitfire. Ils embarquent à bord du porte-avions *Indomitable* et participent en Méditerranée au débarquement de Sicile. Transférés sur le *Battler*, ils participent encore au débarquement de Salerne mais, en novembre 1943, le petit groupe est dissous et les survivants sont réintégrés dans la Royal Air Force au sein de laquelle ils volent jusqu'en 1945.

Dans le même temps, en 1942, Washington accorde aux FNFL la création d'une escadrille française aux États-Unis. Les Américains s'engagent aussi à livrer quinze appareils amphibies PBY-5A Catalina et à former du personnel. Deux cent soixante Français sont alors prélevés sur les forces engagées dans la Royal Air Force et rejoignent des bases de l'aviation navale américaine où ils reçoivent formation et entraînement. En 1943, ils forment la 6e flottille d'exploration qui quitte, début 1944, les États Unis pour rallier le Maroc et être engagés sous commandement américain dans les opérations en Atlantique.

CI-DESSUS
DEUX PILOTES DES FNFL
début 1943 à Jacksonville (Floride).
ARDHAN.

CI-CONTRE
UN WELLINGTON DE DAKAR,
en coopération avec des appareils de la Royal Air Force coule un U-Boot le 18 août 1943.
ARDHAN.

CI-CONTRE
DES CATALINA
sont livrés, en novembre 1943, à la flottille FNFL à Jacksonville.
ARDHAN.

La renaissance de l'Aéronautique navale

CI-CONTRE
LES SBD DE L'AVIATION NAVALE RENAISSANTE pilonnent, au début de 1945, la poche allemande de Royan.
ARDHAN.

En France, après l'invasion de la zone libre en novembre 1942, toutes les bases de métropole sont occupées. Seules restent utilisables celles d'Afrique du Nord avec quelques avions d'avant-guerre comme les Laté 298 et quelques appareils fournis par les Alliés.

En août 1943, l'état-major de la Marine est recréé à Alger sous les ordres de l'amiral Lemonnier. Le capitaine de vaisseau Nomy, évadé de France, prend le commandement de l'Aéronautique navale. Des écoles de formation sont ouvertes et les marins français participent aux combats, aux commandes d'avions fournis par les Britanniques et les Américains.

Après la libération de la Corse, une escadrille de Walrus s'installe à Aspretto en novembre 1943. À la suite du débarquement de Provence en août 1944, les bases de métropole sont progressivement rouvertes, Cuers et Saint-Mandrier en septembre 1944, puis l'École des mécaniciens de Rochefort en juillet 1945. Les marins français à bord des appareils livrés par les Alliés participent jusqu'à la Libération aux combats en France et en Allemagne.

CI-DESSOUS
UN SUNDERLAND AU DÉCOLLAGE, à Dakar en 1944,
ARDHAN.

DE 1945 AUX ANNÉES 2000 : LA CRÉATION D'UNE AÉRONAUTIQUE NAVALE MODERNE

Lorsque cesse la guerre, l'Aéronautique navale a acquis sa légitimité, grâce notamment à la pugnacité de l'amiral Nomy. Toutes les opérations maritimes sont désormais combinées et l'avion est devenu indispensable. Le porte-avions a joué un rôle déterminant dans la grande bataille américano-japonaise du Pacifique.

L'Aéronautique navale française, ballottée par les événements, n'a participé qu'indirectement à ces évolutions mais les marins des forces navales françaises libres, engagés aux

CI-DESSUS

DANS L'IMMÉDIAT APRÈS-GUERRE, L'AÉRONAUTIQUE NAVALE POSSÈDE DES AVIONS DE TYPES TRÈS DIVERS.
Ici un Junker 52 qui effectue des missions de liaisons entre la métropole et l'Afrique du Nord.
MN.

PAGE DE GAUCHE

LE CLEMENCEAU, PREMIER PORTE-AVIONS DE CONCEPTION ET DE FABRICATION ENTIÈREMENT FRANÇAISES.
MAE.

côtés des Alliés, apportent leur expérience acquise dans les armées anglo-saxonnes.

À la lumière de ces enseignements, tous les efforts portent dès 1945 et jusqu'au début des années soixante sur la reconstruction d'une Aéronautique moderne et cohérente avec l'acquisition progressive de matériel de conception française. Le fait marquant de cette période est aussi l'engagement presque permanent des forces aéronavales dans les guerres coloniales jusqu'en 1962.

En 1945, l'Aéronautique navale française est exsangue. Les infrastructures en métropole sont très endommagées, le personnel réduit et désorganisé. L'amiral Nomy, ancien des forces navales françaises libres, en devient le commandant et s'attache, avec des moyens limités, à la reconstruire et à lui redonner sa place dans une Marine qui renaît. Dès juillet 1945, un plan, très optimiste, de réarmement de l'Aéronautique navale est adopté. À horizon de cinq ans, il prévoit quatre cents avions et vingt mille hommes.

Le matériel disponible en 1945 est réduit. Quelques avions et hydravions d'avant-guerre subsistent encore, comme des Laté 298 et des Loire 130. Des appareils dont la fabrication avait commencé sous l'occupation sont aussi livrés, mais le parc est surtout constitué d'avions fournis par les Alliés depuis 1943.

Le *Béarn* et le *Commandant Teste* ne sont plus utilisés et, en raison de l'abandon des catapultes sur les navires de surface, les hydravions embarqués disparaissent.

CI-DESSUS
LE PORTE-AVIONS *LA FAYETTE* PRÊTÉ PAR LES ÉTATS-UNIS.
MAE.

Les Alliés fournissent du matériel

Les moyens financiers ne permettent pas d'acheter du matériel et les arsenaux et chantiers navals, trop endommagés par les bombardements, ne peuvent réparer le matériel existant. Des projets de transformation de croiseurs lourds en porte-avions sont évoqués mais ne se concrétisent pas. L'amiral Nomy n'a d'autre solution que de se tourner à nouveau vers les Alliés.

En juillet 1945, le Royaume-Uni prête un porte-avions d'escorte qui intègre la flotte française sous le nom de *Dixmude*. Son groupe aérien est constitué tardivement de deux flottilles de bombardiers Dauntless, cédés par les Américains en 1944, qui sont pilotés par des anciens des avions du *Béarn*. D'un intérêt militaire limité, le *Dixmude* fait figure d'expédient.

En 1946, l'amiral Nomy obtient encore le transfert pour cinq ans à la Marine du porte-avions *Colossus* qui est renommé *Arromanches* en 1947. Son arrivée en août 1946 à Cherbourg marque la vraie renaissance de la Marine française. L'amiral Nomy a dû jouer de toutes ses relations au Royaume-Uni pour obtenir ce prêt. Par la suite, deux autres

CI-DESSUS
CURTISS HELLDIVER À L'APPONTAGE VENANT DE SAISIR UN BRIN D'ARRÊT.
MN.

CI-DESSUS
SEAFIRE EMBARQUÉ SUR LE PORTE-AVIONS *ARROMANCHES*.
MAE.

porte-avions sont prêtés par les États-Unis, le *La Fayette* (ex-USS *Langley*) en 1951 et le *Bois Belleau* (ex-USS *Belleau Wood*) en 1953.

De même, la plupart des appareils de combat dont dispose l'Aéronautique navale jusqu'à la fin des années cinquante sont d'origine anglo-saxonne. Après une première période d'acquisition à faible coût d'aéronefs britanniques (1946-1949), vient le temps de la guerre froide et du rééquipement en appareils de combat américains prêtés au titre du Pacte d'assistance mutuel (PAM) à partir de 1950. Ces cessions, qui dans un premier temps visent seulement à permettre la renaissance de l'Aéronautique navale française, augmentent par la suite sous la pression de la guerre froide et du conflit en Indochine.

L'avènement de l'hélicoptère et la disparition progressive des hydravions

L'expérience des autogires à la fin des années trente était restée sans suite. Dès 1945, la Marine envisage d'acquérir quelques hélicoptères. Mais, par manque de moyens, il faut attendre plusieurs années avant de voir des ailes tournantes dans l'Aéronautique navale.

Depuis la fin du conflit mondial, la Marine américaine met en avant l'intérêt de l'hélicoptère dans le domaine du sauvetage en mer et les campagnes des porte-avions français en Indochine en montrent l'utilité, en raison de leur maniabilité, notamment pour la récupération des pilotes tombés à la mer. En 1951, deux hélicoptères Sikorsky S-51 sont achetés par la Marine et l'état-major décide de former une équipe de pilotes et de techniciens. En octobre de la même année, la première unité d'hélicoptères de la Marine est créée à Saint-Mandrier, suivie rapidement de plusieurs autres. Certaines de ces unités participent aux opérations d'Indochine avec le porte-avions puis en Algérie mais pour des missions à caractère opérationnel essentiellement terrestres. Il faut attendre le début des années soixante pour que deux flottilles soient consacrées à la lutte anti-sous-marine, une troisième poursuivant la mission de transport d'assaut des commandos marine.

CI-DESSOUS
HÉLICOPTÈRE TYPE PIASECKY
sur le pont
de l'*Arromanches*.
MN.

CI-DESSUS
HÉLICOPTÈRE SIKORSKY S51
appontant sur le pont du porte-avions *Bois Belleau*, en 1954.
ARDHAN.

Les hydravions embarqués ont disparu en 1943. Seuls les hydravions d'exploration et de surveillance continuent d'être utilisés. Les derniers disparaissent en 1971 après avoir connu un bref renouveau au Centre d'expérimentations du Pacifique.

Face aux avions modernes qui remplissent les mêmes missions, l'hydravion est d'un usage contraignant et les équipements électroniques de bord qui équipent peu à peu les appareils supportent mal le contact avec l'air salin. Ce déclin des hydravions est commun à toutes les grandes marines.

CI-DESSUS
LE BREGUET ALTAÏR, un autre type de grands hydravions d'après-guerre. MAE.

CI-CONTRE
LES GRANDS HYDRAVIONS
disparaissent progressivement dans les années cinquante. Ici un Noroît. MN.

L'Aéronautique navale dans les conflits d'Indochine et d'Algérie

Dès l'immédiat après-guerre et jusqu'en 1962, l'Aéronautique navale est engagée dans les deux principaux conflits outre-mer, d'abord en Indochine puis en Algérie.

En Indochine, elle participe aux opérations pendant tout le conflit. Dès 1945, quatre amphibies PBY-5A Catalina, en provenance d'Agadir au Maroc, sont envoyés à Saigon. Jusqu'en 1951, ils effectuent des vols d'observation, de reconnaissance, d'appui, de bombardement et de transport. Leur grande souplesse d'emploi les rend particulièrement utiles en soutien du corps expéditionnaire.

À partir de décembre 1946, l'extension du conflit conduit le gouvernement à y envoyer un porte-avions. Le *Dixmude* arrive sur place en mars 1947. Sa flottille de SBD-5 Dauntless procède à des bombardements et intervient en appui des forces terrestres. Entre 1947 et 1954, les quatre porte-avions n'ont cessé de faire des allers-retours depuis la métropole. Sur place, ils servent de base arrière, leurs flottilles étant mises à terre et effectuant des missions de bombardement ou d'appui des troupes au sol. Le porte-avions montre au cours du conflit qu'il est capable de faire décoller des avions au plus près des objectifs terrestres. L'intérêt opérationnel

CI-DESSUS
CORSAIR :
un avion de chasse embarqué de fabrication américaine qui équipa la Marine nationale jusqu'en 1964 et participa aux opérations d'Indochine, d'Algérie et à la crise de Suez.
MN.

CI-CONTRE
LE PORTE-AVIONS LA FAYETTE
dans la baie d'Along en mai 1953.
ARDHAN.

CI-CONTRE
UN CORSAIR
en retour d'une mission en Algérie en mars 1959.
ARDHAN.

est cependant limité, les appareils embarqués sur les porte-avions ne pouvant opérer que de jour.

Au combat, l'Aéronautique navale subit de lourdes pertes humaines. De janvier à mai 1954, elle intervient en appui direct du camp retranché de Diên Biên Phu. Par ailleurs, la Marine fournit aussi des équipages, à bord des B-26, à l'armée de l'air.

CI-DESSOUS
AVIONS PRIVATEER
en avril 1954 à Cat Bi au Tonkin.
ARDHAN.

La dernière mission d'un porte-avions en Indochine est celle du *La Fayette* en 1956.

Pendant la guerre d'Algérie, et bien que les aspects navals du conflit restent marginaux, les unités de l'Aéronautique navale sont engagées.

Les flottilles de Corsair participent à l'appui des troupes au sol ou héliportées. En 1958, des avions du *Bois Belleau* et du *La Fayette*, puis en 1959 de l'*Arromanches*, effectuent quelques missions de bombardement. Ce sont les rares missions de porte-avions pendant le conflit algérien.

Les avions de patrouille maritime luttent contre la contrebande d'armes par voie maritime et surveillent aussi les barrages électrifiés aux frontières entre le Maroc et l'Algérie.

Les hélicoptères de la Marine sont engagés pendant toute la guerre. Ils interviennent sur le terrain avec l'armée de terre et l'armée de l'air. À partir de 1958, ils travaillent avec les commandos de la marine. Certains sont alors armés pour protéger les héliportages.

Des matériels neufs de construction française

Tout à la fin des années cinquante, à la faveur de la reconstruction industrielle, le matériel cédé par les Américains depuis 1950 est progressivement remplacé par des matériels de construction française qui équipent la Marine pendant trois décennies.

Emblématique de cette évolution, un programme de construction de trois porte-avions de conception française est lancé en 1954. Le premier est mis en chantier en 1955 et le second en 1957. Le troisième est finalement abandonné. Dans l'attente de ces nouveaux navires, le porte-avions *Arromanches* subit en 1958 une grande refonte pour le doter d'une piste oblique et d'un miroir d'appontage pour l'entraînement des pilotes. Le programme des porte-aéronefs de la Marine française est complété en 1960 par la construction d'un porte-hélicoptères, la future *Jeanne d'Arc*.

À partir de 1963, la Marine dispose donc de trois porte-avions ; Le *Clemenceau* est admis au service actif en 1961 et le *Foch* en 1963. L'*Arromanches* est alors surtout utilisé en version porte-hélicoptères ou pour les qualifications initiales des pilotes de Fouga et d'Alizé. Les deux nouveaux porte-avions, grâce à leur conception moderne : piste oblique, système optique, catapulte à vapeur et maintien de la présence d'un officier d'appontage, donnent une nouvelle impulsion à l'aviation embarquée.

CI-CONTRE
L'ÉTENDARD,
avion de chasse ou de reconnaissance construit par l'entreprise Dassault, arrive dans la Marine en 1962.
MN.

CI-CONTRE
EN 1962, LE PORTE-HÉLICOPTÈRES JEANNE D'ARC EST MIS EN SERVICE.
Il fut surtout utilisé comme navire école et très peu pour des missions opérationnelles.
MN.

CI-DESSUS
LE CRUSADER, AVION INTERCEPTEUR, est le seul avion acheté à l'étranger au début des années soixante. La Marine en acheta quarante-deux exemplaires.
MAE.

CI-CONTRE
AVION DE CHASSE AQUILON, construit en France mais dérivé d'un appareil britannique en 1959.
MAE.

La *Jeanne d'Arc*, premier vrai porte-hélicoptères français, est mis en service en 1962 mais est surtout utilisé comme bâtiment école pour les officiers-élèves. Il embarque quelques hélicoptères de la Marine ou de l'armée de terre pendant ses campagnes d'instruction, mais est peu engagé en mission opérationnelle. En 1970, il est envisagé la construction d'un porte-hélicoptères lourd de dix-neuf mille tonnes, mais le projet est vite abandonné. En 1980, dans la perspective du remplacement du *Clemenceau* et *Foch,* la Marine lance l'étude d'un porte-avions nucléaire, ce sera le *Charles de Gaulle.*

Les avions sont aussi progressivement remplacés par des appareils de fabrication nationale. En 1955, la Marine reçoit le premier exemplaire de l'avion de chasse embarqué Aquilon, dérivé d'un appareil britannique mais construit en France sous licence puis en 1959 les premiers exemplaires du Fouga Zéphyr, du Morane Saulnier MS 760 et du Breguet Alizé. L'Étendard IVM, construit par l'entreprise Dassault, est mis en service en 1962. Développé en version chasse puis en

CI-CONTRE
BREGUET ALIZÉ DANS LEUR VERSION INITIALE BICOLORE.
MAE.

version de reconnaissance photographique, il remplace les Corsair en 1964. Il équipe le groupe aéronaval jusqu'en 1991 avant d'être remplacé – après l'abandon d'une version marine du Jaguar – par le Super-Étendard.

En 1959, le projet de Breguet 1150 Atlantic de la firme Dassault est sélectionné pour être le nouvel avion de patrouille maritime. Construits en commun par la France, l'Allemagne, l'Italie et les Pays-Bas, les premiers exemplaires sont livrés en 1965. Son successeur est une version modernisée appelée Atlantique que seule la France achète et dont les premiers arrivent dans la Marine en 1989.

Pour la surveillance des zones maritimes du Pacifique, à l'instar des gardes-côtes de la Coast Guard américaine, la Marine commande des Falcon 200 à la firme Dassault.

Le Crusader, monoplace intercepteur tout temps, est le seul avion étranger acquis pendant cette période, en 1964, à quarante-deux exemplaires.

L'hélicoptère Super-Frelon entre en service en 1966, d'abord pour le Centre d'expérimentations du Pacifique puis, à partir de 1970, en versions anti-sous-marine ou de sauvetage et de transport.

Fruit d'une coopération avec le Royaume-Uni, l'hélicoptère WG-13 Lynx entre en service en 1978. Il est conçu pour la lutte anti-sous-marine et est embarqué sur toutes les frégates de la Marine. Enfin, en 1990, les hélicoptères SA365F Dauphin, destinés au service public, commencent à remplacer les Alouette II et III.

CI-CONTRE
FOUGA ZEPHYR
sur le porte-avions *Clemenceau* au début des années soixante.
ARDHAN

Des hélicoptères embarquent sur les bâtiments de surface

CI-DESSUS
L'HÉLICOPTÈRE SUPER-FRELON entre en service dans la Marine en 1966. Il est ici dans sa version initiale bicolore.
MAE.

CI-DESSOUS
HÉLICOPTÈRE LYNX sur la plate-forme arrière d'une frégate.
MN.

La décision d'embarquer des hélicoptères à bord des principaux bâtiments de surface est une des évolutions majeures de cette période. Comme auparavant les hydravions à catapultes, ils doivent permettre d'étendre sensiblement la capacité d'intervention des navires et devenir une des composantes de leur système d'armes.

Des expérimentations sont entreprises en 1962. Les nouveaux bâtiments de combat et quelques navires de soutien sont dès leur conception dotés d'une plate-forme et d'un hangar pour recevoir un ou deux hélicoptères embarqués. Les transports de chalands de débarquement et les bâtiments de projection et de commandement, dotés d'un pont étendu, peuvent quant à eux embarquer plusieurs appareils.

La patrouille maritime et la protection des sous-marins nucléaires

La patrouille maritime est réorganisée au début des années soixante. Ses appareils sont particulièrement chargés de détecter et d'identifier les sous-marins étrangers, principalement soviétiques, dont le nombre ne cesse d'augmenter. La création de la force océanique stratégique lui donne une impulsion nouvelle. Les avions de patrouille maritime, principalement ceux de Lorient, assurent le soutien et la sécurité des sous-marins nucléaires lanceurs d'engins (SNLE) de l'Île Longue. Leur zone d'activité s'étend du pôle Nord à l'équateur.

Les avions patrouillent aussi en Méditerranée à partir de Nîmes, de Dakar et de Djibouti, et surveillent les espaces maritimes de l'océan Indien, de l'Atlantique Sud et de la zone Antilles-Guyane.

Les avions de patrouille maritime sont également engagés en opérations à l'occasion des crises internationales, comme pendant la guerre du Golfe.

CI-DESSUS
L'ATLANTIC,
résultat d'une collaboration internationale, ici dans sa version initiale bicolore.
ARDHAN.

Les engagements outre-mer

La période 1962 à 1973 correspond à une nouvelle orientation stratégique provoquée par la fin des conflits coloniaux, le désengagement de la France de l'OTAN, la priorité donnée à la création de la force océanique stratégique. C'est une période pendant laquelle la Marine est peu engagée dans les crises internationales. Les porte-avions et des avions de patrouille maritime interviennent pour la surveillance des premiers essais nucléaires en Polynésie française.

Cette situation change dans les années soixante-dix. Les porte-avions effectuent plusieurs missions en océan Indien entre 1974 et 1977 à l'occasion du processus d'accession à l'indépendance de Djibouti, puis au large du Liban de 1982 à 1989. Pendant la guerre Irak-Iran, les porte-avions patrouillent dans le golfe d'Oman en 1987 et 1988 pour protéger le trafic maritime.

Pendant la première guerre du Golfe en 1990-1991 consécutive à l'invasion du Koweït par l'Irak, toutes les composantes de l'Aéronautique navale, hélicoptères des bâtiments de surface, avions de patrouille maritime, sont engagées pour le contrôle du trafic maritime. Quant au porte-avions *Clemenceau,* armé en version porte-hélicoptères, il rejoint la zone d'opérations avec des hélicoptères de l'armée de terre à bord.

CI-DESSUS
LE *FOCH* EN VERSION OPÉRATIONNELLE.
MN.

Pendant cette période, les nouveaux hélicoptères embarqués de la Marine arrivent sur les bâtiments de combat. Outre leur rôle permanent de protection anti-sous-marine et de détection des menaces de surface, ils participent aussi à des opérations à l'étranger comme en Somalie où ils évacuent des ressortissants français en 1991, puis la même année à Haïti touché par des troubles politiques. Ils interviennent aussi en soutien humanitaire aux villes de Dubrovnik et Rijeka au début de la guerre civile yougoslave.

Les restructurations après la fin de la guerre froide

La chute du mur de Berlin et la fin de la guerre froide provoquent un changement du contexte stratégique. La plupart des pays occidentaux réduisent sensiblement leurs budgets militaires. En France, le format des armées est réduit, les industries de défense restructurées et la plupart des programmes d'armements révisés et pour certains supprimés.

Dans ce contexte, l'Aéronautique navale se réorganise profondément. Les échelons de commandement et les composantes, jusqu'alors autonomes, sont regroupés en 1998 en une force de l'aviation navale (ALAVIA), structure unique, commandée par un officier général qui a autorité sur tous les aéronefs de la Marine. Répondant à la même logique d'organisation, les porte-avions sont rattachés en 1992 à la Force d'action navale récemment créée qui regroupe maintenant tous les navires de surface. C'est un amiral de cet état-major qui, le cas échéant, prend le commandement opérationnel du groupe aéronaval.

Les implantations à terre sont aussi restructurées. Les services techniques (ateliers d'entretien, entrepôts...) sont réorganisés dans le sens d'une forte rationalisation et plusieurs bases sont fermées : Aspretto en 1993, Fréjus-Saint-Raphaël (berceau de l'Aéronautique navale française) en 1995 puis Rochefort. Celles de Dugny-le Bourget et de Toussus-le-Noble, en région parisienne deviennent des établissements techniques. Une petite structure aérienne est cependant maintenue à Dugny pour les déplacements d'autorités entre Paris et les ports.

La recherche d'économie conduit à la création de services communs à plusieurs armées. Les marins de l'Aéronautique navale sont désormais pour la plupart formés par l'armée de l'air à Salon-de-Provence ou par l'armée de terre à Dax. Pour autant la formation maritime nécessite une formation spécifique.

En 2000, la maintenance de tous les aéronefs de la Défense est centralisée par un organisme commun, la « Structure intégrée de maintien en condition opérationnelle du matériel aéronautique de la Défense » (SIMMAD).

Cette mise en commun de la formation et de l'entretien du matériel, a permis d'obtenir d'indéniables résultats en matière de rationalisation technique et financière.

Le renouvellement du matériel

Les matériels acquis dans les années soixante arrivent peu à peu en fin de vie. Ils sont progressivement remplacés par une nouvelle génération. Les porte-avions *Clemenceau* et *Foch* sont désarmés respectivement en 1997 et 2000 et le *Charles de Gaulle* est admis au service actif en 2001. La décision de construire deux nouveaux porte-avions de trente-six mille tonnes à propulsion nucléaire date de 1980. La construction du premier commence en 1989 à l'arsenal de Brest mais prend du retard. Le programme initial prévoyait un second exemplaire. Les contraintes budgétaires des années quatre-vingt-dix n'ont pas permis de concrétiser ce projet. La construction d'un second porte-avions est cependant toujours à l'étude.

Le porte-hélicoptères *Jeanne d'Arc* est retiré du service actif en 2010, année du centenaire de l'Aéronautique navale. La Marine privilégie désormais les navires amphibies porteurs d'hélicoptères. Aux bâtiments *Ouragan, Orage, Foudre* et *Siroco* succèdent à partir de 1998 les bâtiments de projection et de commandement (BPC) qui peuvent embarquer quatre hélicoptères.

Malgré un contexte économique difficile, le matériel aérien est presque entièrement renouvelé au cours des années 1990 et 2000.

L'Étendard IVM est retiré du service en 1991, le Fouga Zéphyr en 1994, l'avion de patrouille maritime Breguet 1150 Atlantic en 1996, le Morane 760, l'hélicoptère Alouette II en 1997, le Crusader en 1999, l'Étendard en 2000 et le Nord 262 en 2009.

Par suite de contraintes budgétaires, des matériels anciens sont rénovés afin de les maintenir en service quelques années supplémentaires en attendant l'arrivée de matériels nouveaux dont les programmes ont été eux-mêmes retardés. C'est le cas de l'Alizé, du Crusader en attendant l'arrivée plusieurs fois repoussée du Rafale marine, du Super-Étendard, qui devient le Super-Étendard Modernisé (SEM) et de l'Étendard IVP, désormais dénommé Étendard IVPM après leur modernisation. Mais cette période se caractérise

CI-CONTRE
LE RAFALE EN VERSION MARINE, destiné à équiper le groupe aéronaval.
MN.

CI-CONTRE
LES BÂTIMENTS DE PROJECTION ET DE COMMANDEMENT MISTRAL ET TONNERRE
dont le pont plat peut recevoir plusieurs hélicoptères.
MN.

surtout par l'arrivée de toute une génération de matériels nouveaux, qui constituent l'essentiel de l'Aéronautique navale actuelle :

– En 1994, le premier hélicoptère Panther est livré à la Marine. Version navalisée du Dauphin, il est destiné à embarquer sur les frégates pour la lutte contre les bâtiments de surface.

– L'Atlantique est livré de 1989 à 2001 en vingt-huit exemplaires. Il est désormais le seul avion de patrouille maritime en métropole.

– L'avion de guet aérien Hawkeye, acheté aux États-Unis en trois exemplaires, commence à arriver en 1998. C'est le seul appareil de fabrication étrangère acquis récemment par la Marine car le petit nombre d'exemplaires nécessaires ne permettait pas de lancer un programme à coût raisonnable.

– Le premier Falcon 50 est livré en 1999. Il est destiné aux missions de patrouille maritime en Atlantique.

Le Rafale Marine, dont le programme avait été lancé en 1989, après plusieurs campagnes d'essais à bord du *Foch*, est livré à la Marine à partir de 2001 en version chasse et en 2008 en version polyvalente. Bimoteur monoplace, il est produit par la firme Dassault Aviation, qui le fabrique aussi en deux versions pour l'armée de l'air. Dans la Marine, il est destiné à embarquer sur le *Charles de Gaulle*. La Marine reçoit les premiers exemplaires l'année d'admission au service actif du porte-avions nucléaire.

Le Rafale constitue un des programmes phares de la haute technologie et de l'industrie française d'armement.

L'hélicoptère NH 90, fruit d'une étude de l'OTAN et d'une coopération entre l'Allemagne, la France, l'Italie et les Pays-Bas doit remplacer à terme le Super-Frelon et le Lynx. De retard en retard, le premier exemplaire, qui devait être livré en 2005, est attendu en 2010.

Des activités opérationnelles intenses

Avec la fin de la guerre froide apparaissent de nouveaux types de conflits, guerre civile yougoslave en Europe, succession de conflits régionaux au Moyen-Orient et, à partir de 2001, lutte contre le terrorisme international, en Afghanistan notamment.

Le mouvement de mondialisation, qui repose sur la liberté des échanges, fait apparaître de nouvelles menaces tout particulièrement présentes en mer, y compris aux approches maritimes de la France en métropole et outre-mer comme le développement des trafics et de la piraterie.

Les moyens de l'Aéronautique navale sont particulièrement bien adaptés à ce nouveau contexte stratégique. Ils sont donc amenés à intervenir de plus en plus souvent et, pour les hélicoptères embarqués et les avions de patrouille maritime, quotidiennement.

Le groupe aéronaval composé du porte-avions et de son groupe aérien est engagé dans plusieurs crises régionales. Ses avions mènent des actions de combat.

De 1993 à 1996, le *Clemenceau* et le *Foch* se relaient en Adriatique au large des côtes yougoslaves. En 1999, les avions du *Foch* participent aux bombardements de la Serbie dans le cadre de l'opération de l'OTAN pour le Kosovo.

À la suite des attentats terroristes du 11 septembre 2001, le *Charles de Gaulle* est envoyé en océan Indien de novembre 2001 à juillet 2002. Il intègre, avec toute son escorte, l'opération alliée *Enduring Freedom* à laquelle participent cinq porte-avions et quatre cent cinquante avions de combat. Les Hawkeye et les Super-Étendard effectuent plus de six cents missions au-dessus de l'Afghanistan, considéré comme l'un des foyers du terrorisme international. À eux seuls, les avions du groupe aéronaval ont assuré 10 % des missions aériennes de la coalition.

Le porte-avions retourne plusieurs fois en océan Indien jusqu'à son interruption pour entretien majeur en 2008.

CI-CONTRE
LE PORTE-AVIONS *CHARLES DE GAULLE*
est envoyé dès novembre 2001 en océan Indien pour participer à l'opération *Enduring Freedom* de lutte contre le terrorisme.
MN.

PAGE DE DROITE EN BAS :
LES PORTE-AVIONS (ICI LE *FOCH*)
se relaient en mer Adriatique pendant tout le conflit yougoslave.
MN.

CI-DESSUS
LE HAWKEYE, AVION DE GUET AÉRIEN
acheté en trois exemplaires aux États-Unis, est intégré au groupe aéronaval. Ici il participe à l'opération *Enduring Freedom* au-dessus de l'Afghanistan en 2001-2002. MN.

Les hélicoptères embarqués sur les bâtiments de la Marine participent aussi à plusieurs missions à dominante humanitaire, en Albanie en 1997, ou au large du Liban pour l'évacuation de ressortissants en 2006.

Capable de surveiller de très vastes étendues maritimes, l'aviation de patrouille maritime est particulièrement utilisée pour la lutte contre les trafics et la piraterie en mer. Le détachement de Djibouti tend à devenir permanent et l'Atlantique participe aux missions de la Marine en océan Indien, notamment contre la piraterie.

L'activité opérationnelle des hélicoptères embarqués sur frégates s'intensifie aussi, tant leur rapidité et leur agilité en font des instruments adaptés aux menaces nouvelles liées à la lutte contre les trafics et à la surveillance de vastes espaces maritimes.

25
SAUVETAGE
22

L'AÉRONAUTIQUE NAVALE AUJOURD'HUI

L'Aéronautique navale aujourd'hui, c'est en permanence quatre appareils en vol. Chaque année, les aéronefs de la Marine effectuent plus de 45 000 heures de vol. C'est une force de 6 800 personnes et de 210 aéronefs.

Une force cohérente et efficace

Après une longue période d'hésitation sur la place qu'elle devait occuper au sein de la Marine, l'Aéronautique navale a été progressivement modernisée pour devenir une force cohérente de moyens matériels et de compétences humaines. Elle est aujourd'hui en mesure de participer à tout l'éventail des missions d'une Marine à vocation océanique.

Elle est employée comme un moyen opérationnel indissociable des autres moyens de la Marine, navires de surface, sous-marins et unités des fusiliers commandos. C'est pourquoi plus de la moitié des aéronefs sont embarqués.

Afin d'assurer ses missions, l'Aéronautique navale comprend un état-major à Toulon et trois composantes essentielles – groupe aérien, patrouille maritime et hélicoptères – réparties sur six bases en métropole et outre-mer.

PAGE DE GAUCHE
PERSONNEL DE PONT D'ENVOL
et Rafale sur le pont du porte-avions *Charles de Gaulle*.

CI-DESSUS
LA COCARDE DE L'AÉRONAUTIQUE NAVALE
qu'arborent tous les aéronefs de la Marine.
MN.

L'échelon central

Dès 1911, le capitaine de vaisseau Daveluy, conscient que les aéronefs ne pouvaient être administrés et entretenus comme les navires militaires, avait perçu la nécessité de doter l'Aéronautique navale d'une organisation spécifique. Analyse judicieuse mais qui avait rencontré à l'époque une forte opposition. Néanmoins, un service central de l'aviation maritime était créé pour traiter des questions administratives, budgétaires, d'achat et de construction de matériel aéronautique. Sauf pendant quelques périodes troublées, il devait subsister jusque dans les années quatre-vingt-dix puis disparaît dans le vaste mouvement des restructurations et de modernisation.

À la faveur de ce même mouvement, l'état-major de la force de l'Aéronautique navale est créé en 2000 et regroupe toutes les anciennes structures de commandement qui n'avaient cessé d'évoluer au cours du XXIe siècle. Il coordonne les activités des flottilles, gère les équipements, administre le personnel, élabore la doctrine d'emploi des aéronefs et prépare la force au combat.

Comme toutes les autorités organiques de la Marine, le commandement de la force de l'aviation navale doit toujours être en mesure de fournir au commandement opérationnel, c'est-à-dire à l'état-major des armées, les moyens aériens adaptés et le personnel formé et compétent pour accomplir les missions demandées.

Les implantations territoriales

Depuis la fermeture de la base de Fréjus-Saint-Raphaël en 1995 puis celle de Saint-Mandrier en 2000, il ne reste plus que cinq bases en métropole : Lann Bihoué en Bretagne près de Lorient qui accueille les Atlantique et les Hawkeye, Landivisiau pour la chasse et Lanvéoc pour les hélicoptères dans la région de Brest, Nîmes pour la patrouille maritime, et Hyères pour les hélicoptères dans le sud.

La base de Nîmes doit être fermée en 2011, tous les avions de patrouille maritime seront donc stationnés à Lann Bihoué.

Outre-mer, la Marine dispose aussi de la base d'Aéronautique navale de Tontouta en Nouvelle-Calédonie qui sera cédée prochainement à l'armée de l'air et de la base de Faaa Papeete à Tahiti.

Par ailleurs, deux Atlantique sont en permanence détachés à Dakar pour la surveillance

CI-CONTRE
SUR LES BASES, LES PILOTES S'ENTRAÎNENT.
Ici un Super-Étendard en phase d'atterrissage avec une optique d'appontage semblable à celle du porte-avions.
MN.

CI-DESSUS
LA BASE D'AÉRONAUTIQUE NAVALE D'HYÈRES, EN BORD DE MER.
MN.

CI-DESSUS
LE PONT D'ENVOL DU *CHARLES DE GAULLE*
a été retracé sur un parking de la BAN de Landivisiau pour faciliter l'entraînement des pilotes.
MN.

de l'Atlantique Sud et à Djibouti à proximité des zones sensibles du Proche et du Moyen-Orient et de l'océan Indien.

Chaque avion et hélicoptère appartient à une flottille qui constitue une unité au même titre qu'un bâtiment de combat. Elles sont spécialisées par type d'aéronef, avions de chasse, de reconnaissance, de patrouille maritime, hélicoptères de lutte de service public ou embarqué…

Chaque flottille est stationnée sur une base de l'Aéronautique navale. Entre deux missions, les aéronefs embarqués rejoignent cette base pour y suivre des périodes d'entretien et d'entraînement.

Les trois composantes de l'Aéronautique navale

Le groupe aérien embarqué ou « GAé »

Destiné à embarquer sur le porte-avions *Charles de Gaulle*, le groupe aérien est actuellement composé de trois types d'avions et d'hélicoptères correspondant à des missions complémentaires :

– Le Rafale marine, dans sa version actuelle, assure des missions d'interception, d'attaque au sol et anti-navires et de dissuasion nucléaire.

– Le Super-Étendard participe aux missions d'assaut contre des objectifs navals et terrestres, de reconnaissance d'objectifs à terre ou en mer et à la dissuasion nucléaire.

– Le E-2C Hawkeye, avion de guet aérien, est spécialisé dans la sûreté de la force navale, le contrôle aérien, la coordination et le guidage d'assaut contre les objectifs navals et terrestres.

– Des hélicoptères de type Dauphin pour le sauvetage et les liaisons.

Le GAé peut être renforcé ponctuellement par tous types d'hélicoptères de l'armée de terre ou étrangers, notamment pendant des missions interalliées.

La composante patrouille maritime

Elle se compose de deux flottilles d'Atlantique basées à Lann Bihoué et jusqu'en 2011 à Nîmes Garons, d'une flottille de Falcon 200 Gardian et d'une autre de Falcon 50 M.

L'aviation de surveillance maritime contribue à la protection des sous-marins nucléaires et à la mission de sauvegarde maritime, notamment en participant à la lutte contre les trafics illicites en mer ou à partir de la mer et contre l'immigration clandestine.

En métropole, les Falcon 50M assurent la surveillance des approches maritimes et contribuent au sauvetage en mer. Outre-mer, cette fonction est confiée aux Gardian basés en Nouvelle-Calédonie et en Polynésie française.

La composante hélicoptères

Elle est organisée en deux pôles, les hélicoptères embarqués et ceux dits de service public, basés à terre.

Les flottilles d'hélicoptères embarqués sont basées à Hyères dans le Var et à Lanvéoc, près de Brest.

Les Panther contribuent à la lutte antinavire et arment les frégates de surveillance, de type *La Fayette* et anti-aériennes de type *Cassard*.

Les Lynx arment les frégates anti-sous-marines. Ils disposent d'un sonar trempé et de torpilles pour la lutte anti-sous-marine.

Les Dauphin Pedro assurent les missions de sécurité des pilotes du groupe aérien sur le porte-avions.

Les Alouette III sont embarquées sur les pétroliers ravitailleurs et les frégates de surveillance en Nouvelle-Calédonie et Polynésie et, jusqu'à cette année 2010, sur le porte-hélicoptères *Jeanne d'Arc*. Elles assurent des missions de surveillance, de soutien et de formation.

Les hélicoptères de service public assurent des missions de recherche et de sauvetage en mer au large de nos côtes. En constante augmentation, ces missions sont assurées par deux flottilles composées de Dauphin et, jusqu'à l'été 2010, de Super-Frelon. Des détachements de Dauphin sont répartis sur le littoral.

COMPOSITION DE L'AÉRONAUTIQUE NAVALE AUJOURD'HUI

Groupe aérien embarqué

Rafale
28 avions

Super-Étendard modernisé
41 avions

Hawkeye – E2C
3 avions

Hélicoptères de combat

Lynx
26 hélicoptères

Panther
16 hélicoptères

NH 90, *futur hélicoptère que la Marine doit acquérir en 2011*

Hélicoptères de service public

Super-Frelon
8 hélicoptères

Dauphin de service public
8 hélicoptères

COMPOSITION DE L'AÉRONAUTIQUE NAVALE AUJOURD'HUI (SUITE)

Patrouille et surveillance maritime

Atlantique 2
22 avions

Falcon 50
4 avions

Falcon 200
5 avions

Aviation de soutien maritime

Alouette III
26 hélicoptères

Falcon 10
6 avions

Xingu
11 avions

Rallye
9 avions

Cap 10
7 avions

Les structures de soutien

CI-DESSUS
LA DISPONIBILITÉ DES AÉRONEFS
est un défi permanent qui demande une organisation très pointue de la maintenance et de l'entretien des appareils.
MN.

À ces unités opérationnelles, s'ajoutent des structures de soutien et d'entraînement, essentielles dans un domaine aussi technique que l'Aéronautique. Si le soutien technique de haut niveau des aéronefs est aujourd'hui assuré par des services interarmées, les flottilles et les bases assurent l'entretien de premier niveau.

Des organismes spécialisés relèvent également du commandement de l'Aéronautique navale :

– Le Centre d'expérimentations pratiques et de convoyage de l'Aéronautique navale (CEPA), basé à Hyères, expérimente, valide et réceptionne les nouveaux équipements aéronautiques acquis par la Marine. Il contrôle aussi la conformité des plates-formes d'aviation des frégates et du porte-avions. Il comprend aussi des détachements dans d'autres organismes militaires (DGA, armée de l'air...) pour le suivi de programmes majeurs.

CI-CONTRE
LA MAINTENANCE DES AÉRONEFS
est en grande partie assurée sur les bases d'Aéronautique navale.
Ici, un Falcon 10 dans un hangar pour sa maintenance.
MN.

Le Centre d'expérimentations pratiques et de convoyage de l'Aéronautique navale (CEPA)

Pendant la Première Guerre mondiale, alors que le nombre d'avions et d'hydravions de la Marine ne cesse d'augmenter et que leur utilisation se diversifie, il apparaît nécessaire de créer un organisme spécialisé. En septembre 1916, une commission d'études pratiques de l'Aéronautique est créée sur la base de Fréjus-Saint-Raphaël. Elle doit procéder à des études expérimentales sur les nouveaux matériels utilisés par la Marine.

Depuis, ses expérimentations suivent l'évolution technique des matériels Aéronautiques, avec, dans les années vingt, les essais d'appontage sur le *Béarn* puis, jusqu'en 1939, les utilisations militaires des aéronefs de la Marine.

Après une mise en sommeil forcée pendant la Seconde Guerre mondiale, les expérimentations reprennent dès la Libération, d'abord sur les aéronefs à voilure tournante qui aboutiront à l'arrivée des hélicoptères dans les années cinquante, puis aux moteurs à réaction qui équipent peu à peu les avions de chasse. Partiellement détruite par la rupture du barrage de Malpasset en 1959, la commission poursuit néanmoins ses activités avec des campagnes d'essais des installations aéronautiques du *Clemenceau*.

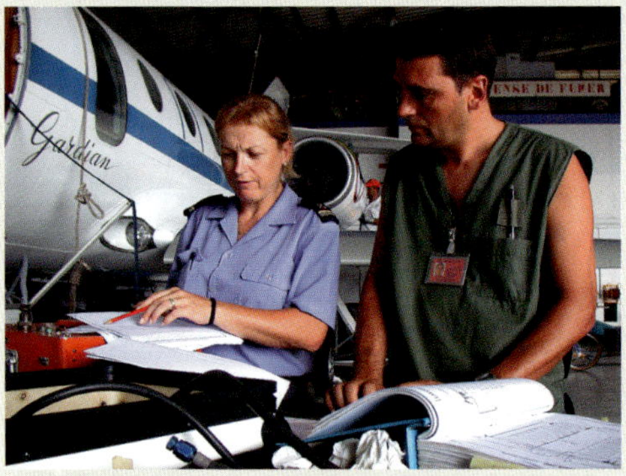

CI-CONTRE ET CI-DESSOUS **LA DISPONIBILITÉ DES AÉRONEFS** est une préoccupation permanente. MN.

Devenu le Centre d'expérimentations de l'Aéronautique navale en 1977, il oriente ses activités sur la mise au point des nouveaux matériels français : Rafale, NH 90… Transféré sur la BAN Hyères en 1995, il fusionne en 2001 avec l'escadrille de réception, de convoyage et d'expérimentations.

CI-CONTRE
ATLANTIQUE II
sur le Tarmac de la base d'Aéronautique navale de Nîmes Garons.
MN.

– Le Centre d'entraînement à la survie et au sauvetage de l'Aéronautique navale (CESSAN), basé à Lanvéoc-Poulmic, assure la formation aux techniques de survie en mer et à l'utilisation des équipements de secours et de sauvetage du personnel volant de la Marine et des autres administrations concernées.

Enfin, plusieurs écoles et escadrilles d'entraînement forment – ou complètent la formation – du personnel de l'Aéronautique navale.

Le défi permanent de la disponibilité des aéronefs

Dans un domaine aussi technique que l'Aéronautique, la disponibilité du matériel est un défi permanent à laquelle œuvrent près de quatre mille cinq cents hommes et femmes, dont huit cents civils de la défense. L'état-major de la Marine élabore la politique de soutien et la gestion des parcs d'aéronefs dans un souci de rationalisation optimale, tandis que le service intégré de maintien en condition opérationnelle de la Défense (SIMMAD) pilote les actions techniques et logistiques. Son statut de service interarmées lui permet d'optimiser les synergies entre armées et de mieux maîtriser les coûts.

La force de l'Aéronautique navale est chargée du soutien à terre et embarqué en contexte opérationnel. Enfin le service industriel de l'Aéronautique regroupe l'ensemble des activités industrielles étatiques.

OFF

LES MARINS DU CIEL

Six mille huit cents personnes, dont un millier d'agents techniques dans les bases et les établissements à terre constituent aujourd'hui le personnel de l'Aéronautique navale. Parmi les militaires, on compte environ un millier d'officiers, dont trois cent quatre vingt pilotes d'avions et d'hélicoptères et quatre mille huit cents officiers mariniers (sous-officiers) et militaires du rang.

C'est une population très éclatée présente entre les bases, les établissements de soutien et les navires, mais une population soudée par le sentiment d'appartenir à un groupe particulier de la Marine qui évolue entre ciel et mer.

PAGE DE GAUCHE

UN RAFALE AU CATAPULTAGE.

Le pilote est prêt, l'officier de lancement abaisse son drapeau vert.

MN.

CI-DESSUS

LE BATEAU ET L'HÉLICOPTÈRE FORMENT UN TOUT.

Appontage sur la plate-forme arrière d'une frégate.

MN.

Une question de vocabulaire

Aviateurs marins, marins aviateurs, marins aéronautes… Il n'existe pas de terme incontesté pour désigner le personnel de l'Aéronautique navale comme il existe des sous-mariniers ou des « surfaciers ». Dans la Marine, ils sont seulement appelés les « aéros » tant leur qualité de marins ne fait aucun doute. Ils sont aussi appelés « marins du ciel », terme plus poétique qui montre bien que, s'ils sont d'abord marins, ils agissent en mer depuis le ciel.

Depuis les origines de l'aviation maritime, tout le personnel est issu des rangs de la Marine. Les premiers pilotes étaient des officiers de Marine passionnés d'Aéronautique et formés pour piloter des avions. Les premiers techniciens étaient recrutés parmi les voiliers, les charpentiers ou les mécaniciens de Marine. Quant au capitaine de vaisseau Daveluy, premier commandant de l'aviation maritime, c'était un ancien commandant de sous-marin !

« Une carrière dans l'Aéronautique navale, c'est d'abord une carrière de marin », disait récemment un ancien chef d'état-major de la Marine, lui-même ancien pilote et commandant de porte-avions.

Les marins de la troisième dimension

L'aéronef étant un outil de la stratégie et des opérations navales, les techniciens chargés de l'entretien et l'équipage travaillent au rythme de la mer, avec les bateaux, militaires ou non, amis ou hostiles, comme horizon. Leurs missions sont entièrement tournées vers la mer : scruter la surface de l'océan, pister un sous-marin, établir une situation de surface, rechercher un navire en détresse ou des naufragés, décoller ou apponter sur le pont étroit et mouvant d'un navire. Au-delà des compétences techniques, c'est bien d'une culture maritime dont il s'agit. Elle s'acquiert lentement, au contact de la mer.

Lorsqu'il est nécessaire d'agir en dehors des procédures habituelles, souvent dans l'urgence, la complémentarité des cultures aéronautique et maritime prend toute sa signification. Chaque équipage, celui du bateau et celui de l'avion, doit pouvoir comprendre et anticiper l'action de l'autre.

CI-DESSUS
UN MÉCANICIEN D'AÉRONAUTIQUE NAVALE effectue l'entretien d'un hélicoptère Panther.
MN.

Les métiers de l'Aéronautique navale

CI-DESSUS
PILOTE DE CHASSE
du groupe aéronaval survolant le porte-avions.
MN.

CI-CONTRE
DES CONTRÔLEURS AÉRIENS
à la tour d'une base d'Aéronautique navale.
MN.

Pour assurer les missions aéronautiques, la Marine a besoin d'un personnel qualifié et compétent. Des pilotes pour les divers types d'aéronefs, des spécialistes pour planifier et conduire des opérations aériennes, des techniciens pour la maintenance du matériel et enfin du personnel « de piste » pour les diverses plates-formes.

Le personnel « volant », c'est trois cent quatre-vingts pilotes et des opérateurs embarqués. Les pilotes de chasse sont seuls dans leur appareil, alors que les pilotes des multimoteurs et des hélicoptères volent en équipage. Le Hawkeye compte deux pilotes et trois opérateurs de système radar. Un équipage d'Atlantique, c'est deux pilotes, deux mécaniciens et dix opérateurs. Les hélicoptères volent généralement avec deux pilotes et un opérateur et parfois un plongeur.

Le commandant d'aéronef est responsable de la conduite, les opérateurs quant à eux, pour la plupart électroniciens de bord, sont chargés de la détection acoustique et magnétique, de la guerre électronique et des transmissions. Selon les aéronefs, ils sont spécialisés comme opérateurs sonar sur les hélicoptères embarqués et dans la détection anti-sous-marine pour les avions de patrouille maritime.

CI-CONTRE
SPÉCIALISTE « AVIONIQUE » effectuant des tests de bon fonctionnement.
MN.

Au sol, dans les bases d'Aéronautique navale ou sur les bâtiments, le personnel technicien est chargé de l'entretien et de la préparation des équipements et des aéronefs. Encadré par des officiers spécialistes d'énergie aéronautique, les techniciens, officiers mariniers pour la plupart, sont pour les uns chargés de la maintenance des équipements électroniques des aéronefs et sont appelés spécialistes « avionique » ; pour les autres responsables de l'entretien et de la maintenance du matériel propulsif, des circuits hydrauliques et électriques, des composants mécaniques et de la cellule des aéronefs et sont appelés spécialistes « porteurs ». Enfin, des techniciens veillent sur l'entretien des armes, des équipements optroniques et de sauvetage. Lorsqu'ils sont embarqués sur le porte-avions et sur les bâtiments porte-hélicoptères, ces techniciens assurent leur mission dans un espace réduit et dans des conditions particulièrement contraignantes.

Comme pour la circulation aérienne civile à l'approche des aéroports, des contrôleurs coordonnent les mouvements d'aéronefs à proximité des bases aéronavales et du porte-avions. Leurs fonctions sont très semblables à celles des contrôleurs aériens civils. Ils suivent d'ailleurs le cours de l'École nationale de l'aviation civile (ENAC) de Toulouse.

Enfin, sur le porte-avions et sur les bâtiments porteurs d'aéronefs qui disposent d'une plate-forme d'aviation pour le décollage et l'appontage, des équipes sont chargées de la mise en œuvre des aéronefs. Comme les plates-formes sont de dimensions réduites, ils doivent agir avec précaution. Sur le porte-avions, où le personnel est plus nombreux, ils forment une équipe complexe où chaque fonction est reconnaissable par le port d'un maillot de couleur différente.

Tous les métiers de l'Aéronautique navale sont ouverts aux femmes, qui représentent actuellement environ 9 % des effectifs. Très présentes parmi les techniciens et les contrôleurs, quelques-unes ont choisi de devenir pilotes.

CI-CONTRE
ENTRETIEN D'UN ATLANTIQUE II dans un hangar d'une base d'Aéronautique navale.
MN.

La formation du personnel

EN HAUT
UN ÉLÈVE PILOTE AVEC UN INSTRUCTEUR dans un Cap 10 en vol à l'École d'initiation au pilotage.
MN.

CI-DESSUS
ENTRAÎNEMENT DES PILOTES au centre d'essais en vol.
MN.

La formation du personnel doit concilier l'apprentissage des connaissances indispensables du marin et les compétences techniques aéronautiques. Quel que soit le niveau de recrutement, une formation initiale dispense les bases du métier de marin. Longue de trois ans pour les officiers issus de l'École navale, d'un an pour les élèves de l'École de maistrance, elle est de quelques semaines à plusieurs mois pour les autres filières. Cette formation est commune à tous les marins.

À l'issue de la formation initiale, les élèves rejoignent les écoles destinées à leur faire acquérir les connaissances techniques en Aéronautique. Les effectifs sont souvent faibles, et les marins sont alors formés dans les écoles des autres armées.

Les pilotes – tous officiers – suivent d'abord une initiation au pilotage sur la base de Lanvéoc-Poulmic à la fin de laquelle ils sont orientés vers les diverses filières (chasse, patrouille maritime ou hélicoptères). Les pilotes d'avions sont formés dans l'armée de l'air et les pilotes d'hélicoptères dans l'armée de terre. Les pilotes de chasse complètent leur formation par une période de quatorze mois à l'École de l'Aéronautique navale de l'US Navy à Meridian dans le Mississippi. Ils y acquièrent les bases des missions de combat et s'initient à l'appontage à bord d'un porte-avions américain.

À l'issue de leur formation dans les autres armées, tous les pilotes désormais brevetés rejoignent la Marine pour suivre une période pendant laquelle ils acquièrent les spécificités du vol en mer.

L'École du personnel volant de la Marine, qui se trouve sur la base de Nîmes-Garons, forme tout le personnel non pilote, principalement officier marinier, des diverses spécialités destinées à embarquer à bord des aéronefs ainsi que les officiers spécialistes d'énergie, de maintenance ou de tactique aéronautique.

Les techniciens d'Aéronautique sont formés à l'École des sous-officiers de l'armée de l'air de Saint-Agnant près de Rochefort. Enfin, la Marine dispose de l'École du personnel de pont d'envol (EPPE), qui forme le personnel chargé de la mise en œuvre « au sol » des aéronefs à bord du porte-avions et des bâtiments porte-hélicoptères.

Les écoles de la Marine sont aussi organisées en flottilles de formation. Elles disposent d'avions d'entraînement qui servent également pour des missions de transport.

Le Centre d'entraînement à la survie et au sauvetage de l'Aéronautique navale

Malgré les progrès techniques et les mesures de sécurité strictes, le risque d'accident en vol est toujours présent, c'est pourquoi la formation à la survie en mer est obligatoire pour tout le personnel volant. Le Centre d'entraînement à la survie et au sauvetage de l'Aéronautique navale (CESSAN) dispense cette formation aux marins et aux équipages d'aéronefs des autres armées et de certaines administrations.

Il s'agit d'apprendre aux équipages les techniques de survie en mer en attendant les secours et de savoir se comporter lorsqu'ils arrivent.

La formation comprend d'abord les techniques individuelles et collectives pour survivre et se faire repérer en mer (usage des gilets et des canots de sauvetage, des matériels de signalisation mais aussi de la poudre anti-requin...). Des simulateurs, qui reproduisent les différents habitacles d'aéronefs fixés à des bras articulés, permettent de reconstituer les différentes situations et d'apprendre aux stagiaires à s'extraire d'une cabine immergée et à gérer leur stress. Les équipages s'entraînent également aux techniques de « l'amerrissage » avec un parachute et à l'hélitreuillage.

CI-CONTRE
ENTRAÎNEMENT AUX EXERCICES DE SURVIE AU CESSAN.
La nacelle immergée reproduit un cockpit d'aéronef dont les passagers doivent s'extraire au plus vite.
MN.

Le cursus de formation des pilotes de chasse

La formation des pilotes de chasse est particulièrement longue et difficile puisqu'ils doivent maîtriser les techniques de pilotage de tout pilote de chasse ainsi que le savoir-faire du catapultage et de l'appontage.

La première partie de leur formation se passe en France, d'abord à l'École d'initiation au pilotage sur la base de Lanvéoc-Poulmic, puis à l'École de l'air de Salon-de-Provence où, après une formation théorique de six mois, ils obtiennent le certificat théorique de pilote de ligne. Les futurs pilotes de chasse reviennent à l'école de Salon pour un stage de pré-spécialisation à la chasse sur avion Tucano qui se clôt par l'obtention de l'examen de pilote professionnel avion. Ils poursuivent alors au sein de l'École de l'Aéronautique navale de l'US Navy à Meridian dans le Mississippi. Pendant les quatorze mois passés aux États-Unis, ils volent sur T 45 Goshawk et apprennent la base des missions de combat et de l'appontage.

Au retour en France, ils rejoignent la base d'Aéronautique navale de Landivisiau en Bretagne pour neuf mois d'entraînement dans la Marine française. À l'issue, ils sont affectés dans une flottille de chasse où ils poursuivent leur formation pendant encore trois ans sur Rafale ou Super-Étendard.

CI-CONTRE
ET CI-DESSOUS
FORMATION DES PILOTES DE CHASSE AUX ÉTATS-UNIS ; les pilotes s'entraînent sur des avions américains.
MN.

MONTRER SA FORCE : LE PORTE-AVIONS ET LE GROUPE AÉRONAVAL

Comme autrefois le cuirassé, le porte-avions est devenu depuis 1945 le navire phare des principales marines.

Ce rôle de *capital ship* ne date cependant que de la Seconde Guerre mondiale. Jusqu'alors, il était surtout considéré comme un bâtiment d'accompagnement des escadres, la véritable bataille navale devant avoir lieu avec les cuirassés.

La guerre du Pacifique modifie complètement cette appréciation et par conséquent les données de la stratégie navale. Dans ces vastes étendues océaniques, le rôle du porte-avions est rapidement devenu déterminant. Sans de telles unités, la Marine japonaise n'aurait pu attaquer Pearl Harbour et les Américains infliger les premières défaites au Japon dans la bataille de la mer de Corail en mai 1942 puis à Midway en juin. L'année 1942 peut être considérée comme la fin du règne des cuirassés et le début de l'émergence des porte-avions.

En 1945, seuls les États-Unis et le Royaume-Uni en détiennent encore qui soient opérationnels. Ils en cèdent quelques-uns devenus inutiles à leurs alliés, le Canada, les

PAGE DE GAUCHE
LE PORTE-AVIONS *CHARLES DE GAULLE*.
MN.

Pays-Bas, l'Australie, l'Argentine, le Brésil, l'Espagne et la France.

Progressivement, face à l'augmentation considérable du coût de construction et au défi technologique de conception de ces bâtiments, seuls les États-Unis, la France et pendant un temps le Royaume-Uni font le choix de lancer de nouveaux programmes de construction. Les autres pays abandonnent leurs unités qui arrivent en fin de vie et se tournent vers la formule moins coûteuse du porte-aéronefs, sans piste oblique ni catapulte, mais aux capacités militaires plus modestes.

Aujourd'hui, seules les marines américaines, françaises et brésiliennes disposent de porte-avions opérationnels. Mais la multiplication des crises régionales dans lesquels le porte-avions a un rôle essentiel et le symbole de puissance qu'il représente conduisent plusieurs pays à vouloir en équiper leur Marine à plus ou moins long terme. Le Royaume-Uni, qui les avait abandonnés pour des raisons budgétaires au moment où il perdait ses territoires coloniaux, a lancé la construction de deux unités. La Russie n'en détient qu'un seul, peu opérationnel, mais étudie sérieusement la construction de nouvelles unités ; l'Inde et la Chine en ont également le projet.

Si le porte-avions intéresse autant les principales puissances, c'est qu'au-delà du bateau lui-même, il est, pour le pays qui en dispose, un symbole de puissance et un moyen d'intervenir dans les crises qui secouent le monde de l'après-guerre froide. Le porte-avions est un outil militaire de pression exceptionnel, d'intervention et un symbole.

CI-DESSUS
UN OFFICIER D'APPONTAGE SUR L'*ARROMANCHES* pendant la guerre d'Indochine avec des raquettes américaines pour guider le pilote à l'appontage.
ARDHAN.

CI-CONTRE
LE PORTE-AVIONS *BÉARN*.
MAE.

Les porte-avions français, de la *Foudre* au *Charles de Gaulle*

Pionnière des avions embarqués avec les essais sur la *Foudre* avant la Première Guerre mondiale, la France a dû attendre les années soixante pour disposer d'une flotte cohérente de deux porte-avions et d'un groupe aérien embarqué.

Pendant un demi-siècle, les projets de construction se sont succédé sans suite. De 1927 à 1939, le *Béarn* a été le seul porte-avions français et l'état-major hésitait sur le rôle à lui attribuer. En décembre 1936, la décision est finalement prise de construire deux porte-avions de dix-huit mille tonnes. Le *Joffre* et le *Painlevé* sont officiellement commandés en 1938, mais restent inachevés puis sont abandonnés. La France fait donc, comme l'Allemagne, la Seconde Guerre mondiale sans porte-avions.

En 1945, la Marine cherche à se doter d'un porte-avions, mais les solutions purement françaises sont techniquement irréalisables par les arsenaux et financièrement insupportables pour les finances publiques. Pour affirmer son rang de grande puissance renaissante, la France se tourne donc vers les Alliés qui cherchent au même moment à se défaire de leurs porte-avions surnuméraires. Le *Dixmude* et l'*Arromanches* sont prêtés par le Royaume-Uni, puis le *La Fayette* et le *Bois Belleau* par les États-Unis. C'est d'ailleurs surtout à la faveur de la guerre d'Indochine que les Américains consentent à ces prêts. Le *Dixmude* n'a servi comme porte-avions qu'en 1949 et 1950. Il est, avant et ensuite, utilisé comme transport.

La France dispose donc en même temps de trois porte-avions utilisés dans de vraies actions de combat, en Indochine, puis lors de l'expédition de Suez. Dès le milieu des années cinquante, la Marine envisage un programme

CI-DESSOUS
L'ARROMANCHES EN 1951-1952 PENDANT LA CAMPAGNE D'INDOCHINE.
À noter qu'il n'y a aucune barrière de sécurité autour de l'ascenseur.
ARDHAN.

de trois porte-avions de construction française. Le premier est inscrit au budget de 1953, c'est le *Clemenceau*, le second, dont les crédits sont votés en 1955, devient le *Foch*. La priorité donnée alors à la Force océanique stratégique conduit à l'abandon du troisième de la série, qui devait prendre le nom de *Verdun*.

L'entrée en service des deux bâtiments, respectivement en 1961 et 1963, chacun de vingt-quatre mille tonnes, dotés de deux catapultes capables de lancer des avions de quinze tonnes, s'accompagne, après quelques années de transition, de l'arrivée de trois nouveaux avions : le Breguet Alizé, l'Étendard et le Crusader. Ils arment le porte-avions pendant trois décennies et la seule évolution notable est l'acquisition du Super-Étendard de 1978 à 1980. Entre 1985 et 1988, ils subissent une modernisation pour l'installation de missiles Crotale et – pour le *Foch* – l'aménagement des soutes pour embarquer l'arme nucléaire préstratégique. Les deux porte-avions peuvent aussi être transformés en porte-hélicoptères et embarquer jusqu'à quarante appareils. La *Jeanne d'Arc* pourrait en embarquer huit.

La France dispose alors de deux porte-avions mais un seul est armé en porte-avions opérationnel, le second fonctionnant en mode dégradé pour l'entraînement de base ou en version porte-hélicoptères.

Le remplacement des deux porte-avions est évoqué dès les années soixante-dix. En 1973, la Marine propose la propulsion nucléaire pour les deux futurs porte-avions. Le premier est commandé en 1986 pour une admission au service actif prévue en 1992. Le contexte budgétaire défavorable retarde le projet et le navire ne rejoint finalement la Marine qu'en 2001, c'est le *Charles de Gaulle*. Le *Foch* a été prolongé en conséquence pour que la France puisse disposer en permanence d'un porte-avions, le *Clemenceau* est désarmé en 1997.

Le programme initial prévoyait deux porte-avions nucléaires, nombre minimal pour assurer une permanence d'un porte-avions à la mer. Malgré les nombreux arguments qui militent pour la construction du second, cohérence de la mission de projection, coût moindre que le premier, utilisation alternative du même groupe aérien, les conditions financières n'ont pas permis pour l'instant de concrétiser ce projet.

La conception du *Charles de Gaulle* est assez proche de celle du *Clemenceau*, autant pour des raisons de coûts que de solutions techniques éprouvées. Ses dimensions sont cependant nettement supérieures, le pont d'envol de douze mille mètres carrés est 50 % plus étendu que celui du *Foch* et ses catapultes de soixante-quinze mètres (contre cinquante-trois pour le type précédent)

CI-DESSUS
LE BOIS BELLEAU EN RADE DE MERS EL-KÉBIR EN JUIN 1959.
ARDHAN.

CI-CONTRE
LE PORTE-AVIONS LA FAYETTE.
MAE.

CI-CONTRE
LE CLEMENCEAU ET LE FOCH AU DÉBUT DES ANNÉES SOIXANTE.
MAE.

peuvent lancer des avions plus lourds comme le Rafale. Par ailleurs, un système de stabilisation automatique de la plate-forme permet le catapultage et l'appontage par gros temps. La superficie de son hangar, accrue d'un tiers, peut accueillir vingt-trois avions et deux hélicoptères. Enfin, la propulsion nucléaire lui donne une grande souplesse d'emploi pour opérer à grande distance et pendant de longues périodes.

Une force militaire capable de se déplacer partout dans le monde

Imposant, puissant, et surtout mobile, le porte-avions, et son groupe aéronaval, est capable de maîtriser une vaste zone et d'intervenir depuis la mer vers la terre. En cela il est l'outil principal de la projection de puissance.

Sa « valeur ajoutée » par rapport aux forces terrestres et aériennes repose sur le statut international de la haute mer qui lui confère sa liberté de circulation en mer et sur sa capacité à s'approcher des zones de tension ou de conflit sans rencontrer d'obstacles politiques ou diplomatiques. Pendant la guerre de Yougoslavie, les porte-avions ont patrouillé en mer Adriatique et les avions du groupe aérien ont pu survoler les zones de conflit, et plus tard intervenir au Kosovo, sans avoir à obtenir d'autorisations des pays riverains, parfois réticents ou opposés au survol et au stationnement d'avions sur leur territoire. La proximité des zones de conflit réduisait aussi sensiblement les contraintes logistiques des avions. Il en a été de même lorsque le porte-avions est intervenu en Afghanistan en navigant au large du Pakistan en 2001. Malgré la relative lenteur de déplacement de la force aéronavale (environ mille kilomètres par jour), les avions du porte-avions ont été parmi les premiers à intervenir puisqu'une fois à proximité, ils n'avaient pas à obtenir d'autorisations de survol ou de stationnement.

CI-DESSUS
LE RAFALE VENANT DE DÉCOLLER DU PORTE-AVIONS *CHARLES DE GAULLE*.
MN/Alexandre Paringaud.

CI-CONTRE
LA PARTIE AVANT DU PONT DU FOCH.
À noter qu'il a dû être allongé de quelques mètres après les essais du Rafale.
MN.

CI-CONTRE
LES RESPONSABLES DU PONT D'ENVOL préparent la disposition et l'emplacement des avions, à bord du *Charles de Gaulle*. MN.

En s'approchant des côtes, les avions embarqués peuvent pénétrer loin à l'intérieur des terres. Les trois quarts de la population mondiale vivant à moins de trois cents kilomètres de la mer, les avions du porte-avions sont donc en principe capables d'atteindre partout dans le monde la plupart des foyers potentiels de tensions.

La capacité à durer du porte-avions à la mer lui permet de rester sur zone pendant de longues périodes : près de quatorze mois pour le *Clemenceau* pendant la guerre Iran-Irak, deux cent dix-neuf jours pour la première mission du *Charles de Gaulle* pendant l'intervention sur l'Afghanistan.

De plus, en naviguant au large, il est naturellement mieux protégé que les bases à terre fixes et proches des combats. Le risque d'attaques aériennes ou navales à son encontre est plus faible et, quoi qu'il en soit, la force navale qui l'entoure assure sa protection.

CI-DESSOUS
LE HANGAR DU *CHARLES DE GAULLE* rempli de Super-Étendard. MN.

Un outil de coercition et de dissuasion

Aujourd'hui, le rôle de nos armées est souvent moins de faire la guerre que de l'empêcher. Le gouvernement utilise le porte-avions comme un symbole fort de l'intérêt qu'il porte à une région, montrant ainsi la possibilité éventuelle qu'il se donne d'intervenir dans une crise. Indépendamment de ses capacités militaires, la visibilité d'un porte-avions est supérieure à celle d'un simple navire de combat ou d'un sous-marin.

Il est particulièrement adapté aux crises régionales, dans lesquelles il est utilisé comme est un instrument de pression sur les parties en présence. Sa seule présence est souvent dissuasive, mais la pression peut être graduée selon l'évolution des événements et le degré d'implication souhaité dans la crise : patrouille plus ou moins éloignée de la côte, survols ostensibles de reconnaissance ou d'intimidation...

Entre 1974 et 1977, le *Clemenceau* et le *Foch* ont été envoyés en océan Indien pour dissuader les pays riverains de s'immiscer et de perturber le processus d'indépendance de la République de Djibouti. Leur seule présence a suffi à garantir la stabilité de la région et ils n'ont jamais été amenés à intervenir, à l'exception toutefois d'un incident aérien mineur entre deux Crusader et un Mig yéménite. De même pendant la guerre civile libanaise, un porte-avions français a presque toujours été présent en Méditerranée orientale. Sa présence n'a pas suffi à éviter la guerre mais était une garantie de protection pour les ressortissants français et une preuve pour tous les belligérants de l'intérêt et de l'implication de la France dans cette région.

CI-DESSOUS
LES MISSIONS DE PROJECTION DE PUISSANCE SONT LE PLUS SOUVENT INTERNATIONALES. Le *Charles de Gaulle* navigue ici à côté d'un porte-avions américain.
MN.

Un moyen puissant d'intervention militaire

Lorsque la dissuasion ne suffit pas ou que le gouvernement le juge opportun, les avions du groupe aéronaval peuvent être amenés à intervenir et à frapper.

La force navale dispose d'une liberté de manœuvre qui lui permet de s'adapter à la configuration et à l'évolution du conflit : approche maximale des côtes pour réduire les contraintes logistiques des appareils, déplacement en mer en fonction de l'évolution des combats, conditions météorologiques ou autres forces en présence.

L'emploi des avions du porte-avions permet une gradation fine des moyens d'intervention, du survol offensif à la frappe militaire. Outre la précision de ces frappes, le pilote peut jusqu'au dernier moment modifier ou reporter sa mission ou son tir s'il le juge opportun ou s'il en reçoit l'ordre.

Le groupe aéronaval a été engagé dans deux conflits régionaux récents. Au Kosovo avec le *Foch* en 1999, et en Afghanistan en à partir de 2001 avec le *Charles de Gaulle*. Dans les deux cas, il s'agissait d'interventions sous l'égide de l'ONU et les avions français ont opéré au sein d'une coalition de l'OTAN.

CI-CONTRE
UN HAWKEYE ET UN SUPER-ÉTENDARD
en vol au-dessus de l'Afghanistan pendant la mission Agapanthe.
MN.

Le porte-avions et son escorte

Le porte-avions n'est jamais seul. Lorsqu'il est en mer, outre les avions et les hélicoptères de son groupe aérien, il est entouré d'une force navale composée d'avions et de navires chargés de le protéger contre les sous-marins et les avions et de le renseigner sur la zone dans laquelle il évolue.

Plusieurs frégates anti-aériennes et anti-sous-marines ainsi qu'un sous-marin nucléaire d'attaque constituent les bâtiments essentiels de son escorte. Des avions de patrouille maritime survolent et surveillent la zone et peuvent utiliser des barrages de bouées acoustiques pour détecter les sous-marins hostiles.

Les avions du groupe aérien participent aussi directement à sa protection, le Hawkeye pour la détection aérienne de la zone et les avions d'interception Rafale.

Une force aéronavale, avec le rayon d'action de ses avions, opère sur une superficie équivalente à la moitié de la France et se déplace d'un millier de kilomètres par jour, soit trois jours pour relier Toulon à Suez.

CI-DESSUS

PENDANT LA MISSION AGAPANTHE 2004, LA TASK FORCE 473 ; LE *CHARLES DE GAULLE* ET SES BÂTIMENTS D'ESCORTE.

MN.

PAGE DE DROITE

LE *CHARLES DE GAULLE* ET LES BÂTIMENTS DE SON ESCORTE.

MN.

Les appareils du groupe aéronaval

Le porte-avions ne serait qu'un bâtiment plus grand que les autres mais peu armé sans les appareils qu'il embarque. Il n'a été conçu et construit que pour les mettre en action.

Le groupe aérien a trois missions essentielles : montrer sa force pour faire pression sur les parties en présence, attaquer des objectifs terrestres ou des ennemis en mer, protéger la force navale et enfin coordonner les moyens sur la zone et rechercher le renseignement.

Pour cela, le groupe aérien est constitué de trois types d'avions : un avion intercepteur de protection, le Rafale, un avion de chasse et d'assaut, le Super-Étendard modernisé et le Rafale dans son standard 3, et enfin un avion d'alerte et de détection, le Hawkeye. Ce triptyque constitue la version actuelle du groupe aérien embarqué français et le restera pour les années à venir. À terme le Super-Étendard sera remplacé par le Rafale.

CI-CONTRE
HÉLICOPTÈRE ALOUETTE III en mission Pedro pendant des manœuvres d'aviation sur le *Charles de Gaulle*.
MN.

CI-DESSOUS
UN HAWKEYE EN PHASE D'APPONTAGE. On distingue sa crosse d'appontage.
MN.

Étrange mais logique

Avant d'aller sur un porte-avions, tout pilote doit s'entraîner à terre sur piste. Cet entraînement se fait au cours d'appontages simulés sur piste (ASSP) sous la conduite de l'officier d'appontage (OA) qu'il retrouvera d'ailleurs à bord.

Comme à bord, l'officier d'appontage est proche de l'entrée de la piste, en avant d'une optique d'appontage identique à celle qui est installée à bord du porte-avions. À égale distance latérale que sur le porte-avions, est peinte sur la piste en béton une ligne simulant l'axe de la piste d'appontage.

Le pilote se présente au cours de plusieurs passes successives, toutes notées, et éventuellement corrigées ou commentée par radio par l'officier d'appontage. À l'issue de chaque passe, le pilote remet les gaz après avoir touché la piste et se présente pour une nouvelle passe. C'est l'OA qui, en dernier ressort, attribue au pilote sa qualification l'autorisant à aller à bord.

Mais alors... Y a-t-il un entraînement au catapultage et y a-t-il des brins d'arrêt sur la piste. Eh bien non ! Pourquoi ? Parce que ces deux phases de vol ne sont pas pilotées. En effet, au cours du catapultage, le pilote n'a surtout pas la main sur le manche... bien qu'il doive le reprendre quelques secondes plus tard en sortie de pont ; il ne pilote rien. De même, à l'accrochage, la crosse de son avion est prise par un brin ; le pilote retenu par ses bretelles verrouillées, est soumis à une brutale décélération et, privé alors de toute action sur la suite de cette manœuvre, il ne pilote pas non plus. Mais il doit impérativement mettre plein gaz dès l'impact. S'il accroche, il réduit aussitôt ; s'il n'accroche pas, il a de quoi assurer le redécollage sur ce qui reste de la piste oblique, manœuvre qu'il a pratiquée au préalable lors des appontages simulés sur piste.

Le premier appontage se fait-il en double commande avec un moniteur ? Eh bien non ! Tout comme l'amour, autre activité dangereuse, l'initiation se pratique certes avec des conseils de prudence, mais en respectant l'intimité du cockpit...

CI-CONTRE
LES TECHNICIENS S'AFFAIRENT pour installer l'élingue qui relie l'avion au sabot de la catapulte.
MN.

Le catapultage

Jusqu'à la Seconde Guerre mondiale, les avions embarqués étaient légers et décollaient avec leur seule motorisation sur toute la longueur du pont d'envol. Par la suite, leur masse a augmenté sensiblement et cette technique n'était plus possible. Avec le *Clemenceau* et le *Foch*, le catapultage devient systématique, sauf toutefois pour les Alizé, qui ont encore la possibilité de décoller au moteur.

La catapulte à vapeur est l'invention d'un Britannique, le capitaine de frégate Mitchell.

Le *Clemenceau* et le *Foch* ont deux catapultes de 50 mètres, l'une à l'avant du pont, l'autre sur la piste oblique, qui peuvent lancer un avion de 20 tonnes. Celles du *Charles de Gaulle* ont 75 mètres de long et peuvent catapulter deux avions de 25 tonnes. La catapulte fonctionne avec la vapeur produite par les chaudières du porte-avions. La vapeur sous pression pousse un piston qui entraîne l'avion relié à un chariot par une élingue.

Aujourd'hui, pour le catapultage, l'avion prend position sur le rail de la catapulte à laquelle il est relié, pour les Super-Étendard par une élingue fixée au sabot, pour le Rafale et le Hawkeye par une barre intégrée à leur train avant. Son avion étant retenu par un *hold-back* fixé à l'arrière de la carlingue, le pilote lâche les freins, met plein gaz, l'arrière du pont étant protégé du réacteur par un déflecteur de jet puis, enfin, salue l'officier de lancement lorsqu'il estime que tout est paré.

Ce dernier, après avoir vérifié la disponibilité du pont, abaisse son drapeau vert qui commande le lancement de la catapulte. Sous la poussée du réacteur et de la catapulte, l'avion est propulsé et, en sortie de pont, atteint sa vitesse de sustentation.

CI-CONTRE, DE HAUT EN BAS

CATAPULTAGE D'UN SUPER-ÉTENDARD.
L'élingue est nettement visible. MN.

CATAPULTAGE D'UN RAFALE.
On distingue la barre qui relie l'avion au sabot de la catapulte. MN.

LE RAFALE QUI VIENT D'ÊTRE CATAPULTÉ QUITTE LE PONT D'ENVOL.
La post-combustion de ses réacteurs est nettement visible. MN.

L'appontage

L'appontage est une manœuvre difficile, car l'avion arrive à faible vitesse, proche de la limite de sustentation, la plate-forme est mouvante, courte et étroite.

Pour s'arrêter, l'avion porte à l'arrière une crosse pendante qui doit accrocher un des brins (câbles en acier) tendus en travers de la piste d'appontage. Ils sont au nombre de trois ou quatre pour que l'avion ait le maximum de chances d'en saisir un. Ils sont reliés à un puissant système hydraulique de freinage qui leur permet de s'allonger tout en ralentissant progressivement l'avion.

Autrefois, des brins de chanvre étaient tendus entre des sacs de sable qu'il fallait remettre en place après chaque appontage ; les freins mécaniques ont été inventés dans les années vingt. Jusqu'à l'apparition de la piste oblique sur les porte-avions, les avions se posaient dans l'axe du pont d'envol. Une fois sa crosse libérée du brin, l'avion était dirigé vers l'avant du pont après effacement des hautes barrières d'arrêt. Ces barrières empêchaient qu'un avion ayant raté les brins ne vienne percuter ses prédécesseurs garés à l'avant.

En 1952, le capitaine de vaisseau de la Marine britannique Cambell introduit la piste oblique, rapidement adoptée. Les avions peuvent ainsi apponter tandis que d'autres sont entreposés à l'avant, sur le pont droit dès lors écarté de la piste oblique. En cas d'échec dans l'accrochage des brins d'arrêt, le pilote peut redécoller, d'autant plus facilement qu'il a pour consigne de mettre plein gaz à l'impact sur le pont.

La trajectoire d'appontage et la vitesse d'arrivée doivent être très précises car l'avion, pour accrocher les brins, n'a comme marge qu'une vingtaine de mètres. Il est aidé en cela par un système optique appelé « miroir » placé en abord du pont qui lui donne le repère de la pente d'approche vers les brins. Il est également aidé par un dispositif dans le cockpit qui lui indique l'incidence optimale du vol. Enfin, l'officier d'appontage, pilote confirmé, en contact radio avec le pilote, le guide au besoin dans la phase finale dont il assure la sécurité, parfois en refusant l'appontage avec ordre de remettre les gaz, pour raison de mauvaise présentation ou pour cause d'indisponibilité du pont, des brins ou pour des conditions défavorables de vent.

CI-CONTRE, DE HAUT EN BAS

UN SUPER-ÉTENDARD À L'APPONTAGE VIENT DE SAISIR UN BRIN D'ARRÊT. MN.

UN RAFALE ATTEINT L'EXTRÉMITÉ DU PONT D'ENVOL.
On voit nettement la crosse destinée à saisir un brin d'arrêt. MN.

LES FEUX FOURNISSENT AU PILOTE UN REPÈRE DE PENTE D'APPROCHE. MN.

SURVEILLER LA MER : L'AVION DE PATROUILLE ET DE SURVEILLANCE MARITIME

Trop légers et peu maniables, les premiers aéroplanes ne pouvaient emporter aucun armement. Leur première utilisation militaire a donc été de surveiller du ciel le champ de bataille et les espaces maritimes. Ils pouvaient ainsi renseigner sur les mouvements des navires amis et ennemis, détecter visuellement à l'époque les menaces sur la mer et guider les tirs d'artillerie des navires de surface. Cet apport à la stratégie et à la tactique navale a été mis à profit dès la Première Guerre mondiale pour la détection et la lutte contre les sous-marins. Par la suite, les avions et hydravions à long rayon d'action ont continué cette mission de surveillance, avec des moyens de détection de plus en plus perfectionnés.

CI-DESSUS
ATLANTIQUE II assurant la surveillance du trafic maritime dans le rail d'Ouessant.
MN.

PAGE DE GAUCHE
UN ATLANTIQUE II en exercice de lutte anti-sous-marine.
MN.

Après la Seconde Guerre mondiale, les avions utilisés par la Marine française dans ce qui était devenu la « patrouille maritime » sont de fabrication britannique ou américaine. Ils bénéficient d'un équipement de lutte anti-sous-marine très performant pour l'époque et effectuent de nombreuses missions en Atlantique et Méditerranée notamment, contre les sous-marins soviétiques. Ils interviennent aussi pendant la guerre d'Algérie au-dessus des zones d'opérations et contre le trafic d'armes en provenance de la mer.

Au début des années soixante, pour remplacer les Avro Lancaster fournis par le Royaume-Uni en 1952, et les P2V-6 Neptune d'origine américaine reçus en 1953, la France, avec d'autres États européens, lance le programme d'un nouvel avion de patrouille maritime. La conception et la fabrication en sont finalement confiées à la firme Breguet. En 1965, la Marine reçoit le premier exemplaire du Breguet Atlantic. Les Neptune restent en service jusqu'en 1984. En 1978, une refonte générale de l'Atlantic est décidée. Dénommé Atlantique II et construit par Dassault, les vingt-huit exemplaires commandés par la France sont livrés à la Marine à partir de 1989. Pour la surveillance maritime dans les territoires et départements d'outre-mer, la Marine utilise depuis 1984 des Falcon 200 Gardian.

Les missions de l'aviation de patrouille et de surveillance maritime se sont adaptées aux évolutions des menaces et de la stratégie navale. Si la détection des sous-marins reste une de missions majeures, la guerre électronique, le renseignement et les activités de service public sont venus s'y ajouter faisant de l'Atlantique un avion multimissions.

CI-DESSUS
UN NEPTUNE BASÉ À LARTIGUE (ALGÉRIE) EN 1959.
ARDHAN.

CI-CONTRE
UN FALCON 10 EN MISSION DE SURVEILLANCE MARITIME.
MN.

Un véritable vaisseau volant

La comparaison peut paraître audacieuse, pourtant, tant dans sa conception que dans les missions qui lui sont confiées, l'Atlantique ressemble à un navire de guerre.

Il dispose d'une autonomie d'environ dix-huit heures de vol et d'une capacité à se déployer et à travailler loin de sa base, pour une durée de trente jours, avec un faible

CI-CONTRE
GROS PLAN D'UN ATLANTIQUE II DE FACE.
On distingue le nez vitré dans lequel prend place un observateur.
MN.

CI-CONTRE
ATLANTIQUE II EN VOL DE SURVEILLANCE CÔTIÈRE.
MN.

préavis et sans soutien extérieur. Avion robuste et endurant, il est adapté au survol maritime à très basse altitude. Son système d'armes est apte à mener des actions militaires variées car ses capteurs électroniques, acoustiques, d'imagerie visuelle et infrarouge, de détection radar et de guerre électronique couvrent tout le spectre des besoins militaires maritimes.

Grâce à son nez vitré, dans lequel prend place un observateur pendant la mission, les indices de surface peuvent être détectés par la vue et interprétés immédiatement.

Les informations recueillies par moyens électroniques ou humains sont centralisées et coordonnées sous la forme d'une situation de zone et transmises en temps réel, grâce à des moyens de transmissions complets et protégés aux responsables des opérations.

L'Atlantique emporte dans sa soute à munitions des torpilles anti-sous-marines, des missiles anti-navires ou des bombes à guidage laser ainsi que du matériel de sauvetage pour les missions de secours en mer. L'usage de cet armement reste cependant exceptionnel.

Son équipage, comprenant douze opérateurs sous l'autorité du commandant d'aéronef et d'un coordonnateur tactique doit être parfaitement soudé et complémentaire.

Par ses capacités de détection, l'Atlantique peut être envoyé en reconnaissance d'un théâtre d'opérations avant d'envisager l'envoi d'autres moyens militaires. Il agit alors en précurseur et devient une cible. Il est lourd et assez lent et dispose d'une autoprotection réduite.

Endurance, capacité à agir loin, engagement dans des opérations militaires sensibles, toutes caractéristiques que l'Atlantique partage avec les navires de surface et qui a permis de le qualifier parfois de « frégate du ciel ».

CI-CONTRE
UN NAVIGATEUR AÉRIEN À BORD D'UN ATLANTIQUE II.
MN.

La première mission : la lutte anti-sous-marine et la sûreté de la FOST

CI-CONTRE
UN ATLANTIQUE II LARGUE DES BOUÉES DESTINÉES À DÉTECTER LES SOUS-MARINS.
MN.

Héritière des Coastal Command britannique et américain qui recherchaient les sous-marins allemands en Atlantique pendant la guerre, la patrouille maritime a encore de nos jours la mission d'assurer la sûreté et le soutien de la force océanique stratégique. En effet, toute Marine qui met en œuvre une composante sous-marine de dissuasion ne peut faire l'économie d'une flotte aérienne de lutte anti-sous-marine. Les Atlantique, principalement ceux qui sont basés à Lann Bihoué près de Lorient, participent à la mise en œuvre des SNLE en garantissant leur sûreté notamment pendant les phases critiques de départ et de retour de patrouille.

Conçu pour faire face à la menace sous-marine, l'Atlantique a la capacité de détecter des signaux faibles, comme le faible bruit d'un sous-marin en immersion ou la minuscule trace d'un périscope à la surface de la mer. Pour cela, il dispose de bouées acoustiques passives qu'il largue en mer pour en faire des barrages d'une vingtaine de kilomètres de long. Les bouées fonctionnent plusieurs heures et les bruits qu'elles perçoivent sont retransmis par radio à bord de l'avion où ils sont analysés par des spécialistes aux « oreilles d'or ». Lorsqu'un sous-marin franchit un barrage de bouées, pour lui totalement indétectables, d'autres bouées, actives cette fois, sont mouillées pour le pister. Le pistage peut être bruyant et ostensible pour inciter le sous-marin intrus à quitter la zone.

La pratique du barrage de bouées acoustiques est aussi utilisée pour la protection d'une force navale. L'Atlantique mouille alors les bouées de manière à circonscrire une zone dans laquelle toute incursion de sous-marin est immédiatement détectée. Cette pratique est particulièrement utile autour du porte-avions lorsqu'il est en opérations dans des secteurs sensibles et donc susceptibles d'être la cible d'une menace sous-marine.

CI-CONTRE
L'ATLANTIQUE LARGUE UNE BOUÉE ACOUSTIQUE.
MN.

Un avion devenu multimissions

Les moyens que l'Atlantique déploie en lutte anti-sous-marine et qui font depuis plusieurs décennies preuve de leur efficacité le rendent aussi particulièrement utile dans la lutte contre d'autres menaces en mer.

Par sa rapidité et par sa capacité à détecter des signaux faibles, il est particulièrement bien adapté à des missions de surveillance des espaces maritimes ou de guidage d'assaut à la mer.

Dans ce qu'il est convenu d'appeler l'action de l'État en mer, il participe à la chaîne des secours pour rechercher les naufragés et leur larguer du matériel de sauvetage (canot, nourriture...). La surveillance de la pêche illicite dans la zone économique française et la recherche des navires pollueurs font également partie de ses missions traditionnelles.

Plus récemment sont venues s'ajouter les missions de lutte contre les trafics en mer, (aux Antilles et en Méditerranée principalement), et la lutte contre la piraterie en océan Indien. Un Atlantique II, détaché en permanence à Djibouti, a ainsi participé, dans le cadre d'opérations combinées avec les autres moyens de la Marine, à la libération des membres d'équipage des voiliers *Ponant*, *Carré d'As* et *Tanit*.

Dans les crises régionales où une force navale est engagée, il intervient à la fois pour assurer la protection sous-marine, pour établir la situation de zone et, le cas échéant, guider les avions de chasse dans leurs assauts à la mer.

Pour un avion disposant d'une faible capacité d'autodéfense, certaines missions opérationnelles ne sont d'ailleurs pas sans risques. En 1977, au cours d'une surveillance dans le golfe d'Aden, un Atlantic a essuyé des tirs d'un Mig somalien au-dessus des eaux internationales, comme en 1984 de la part d'un avion libyen en Méditerranée.

CI-DESSUS
L'ATLANTIQUE TIRE UN MISSILE AU COURS D'UN ENTRAÎNEMENT AU COMBAT NAVAL DE HAUTE INTENSITÉ.
MN.

Des missions au-dessus de la terre

Les capacités de détection que l'Atlantique II met en œuvre en mer pour détecter des signaux faibles le rendent particulièrement utile en milieu aride ou désertique pour repérer des mouvements de troupes ou des implantations isolées.

Plus qu'une simple mission de reconnaissance que d'autres avions pourraient assurer, il s'agit alors, comme il le fait en mer, de mettre en œuvre toute la panoplie des moyens dont il dispose : traitement des signaux faibles pour localiser des forces terrestres souvent éparses et dissimulées dans de vastes étendues désertiques, évaluation et synthèse de l'information récoltée et sa transmission au commandant de zone. Comme poste de commandement volant, il est aussi en mesure de coordonner l'action des forces en guidant d'autres aéronefs ou des troupes au sol, d'assurer la sécurité aéronautique globale et de participer, le cas échéant, à des opérations de combat ou de recherche et de sauvetage.

Il a été utilisé pour la première fois en milieu désertique en 1977 à la suite de raids sahraouis en territoire mauritanien et à la prise en otages de ressortissants français. Comme les Jaguar de l'armée de l'air ne disposaient pas des moyens de détection adéquats, l'état-major des armées a fait appel à un Atlantic pour repérer des groupes rebelles. Depuis, les Atlantiques sont intervenus à de nombreuses reprises en Afrique, au Rwanda, au Zaïre, au Congo, en Somalie et récemment au Tchad. Les deux appareils détachés en permanence à Dakar et Djibouti permettent une excellente réactivité. Des avions de métropole sont également souvent envoyés en renfort.

Dans de telles opérations, il peut être la cible de tirs d'armes légères ou même de missiles à guidage infra-rouge contre lequel il est largement démuni. En 2008, pendant les combats de N'Djamena au Tchad, alors que la situation était particulièrement tendue, l'Atlantique a été la cible de tirs d'armes d'infanterie et de missiles sol-air qui ne l'ont cependant pas atteint.

CI-DESSOUS
L'ATLANTIQUE II EST UN APPAREIL TRÈS BIEN ADAPTÉ AUX MISSIONS TERRESTRES EN MILIEU DÉSERTIQUE.
MN.

La surveillance maritime outre-mer

En fonction des besoins, des Atlantique envoyés de métropole interviennent ponctuellement dans les territoires et départements d'outre-mer, comme à l'occasion des tirs de fusée Ariane en Guyane, où il est alors chargé de la sécurité aérienne de la zone.

En Polynésie française, en Nouvelle-Calédonie et aux Antilles, des Falcon 200 Gardian, version adaptée à la Marine de l'avion d'affaires Falcon 20, assurent des patrouilles en mer, la surveillance des approches maritimes des îles, notamment contre le narcotrafic aux Antilles, et le secours en mer. D'un point de vue militaire, le Gardian établit des situations de surface, son radar pouvant repérer un bateau à deux cent cinquante kilomètres et ses larges hublots permettant une observation visuelle directe.

EN HAUT
SURVOL D'UN ATOLL DE POLYNÉSIE PAR UN GARDIAN EN MISSION DE SURVEILLANCE MARITIME.
MN.

CI-DESSUS
UN FALCON 50 EN MISSION DE SURVEILLANCE DU TRAFIC MARITIME.
MN.

CI-DESSUS
UN ATLANTIQUE EN SURVEILLANCE DES PÊCHES.
MN.

L'aventure industrielle de l'Atlantic/Atlantique

Pendant les années cinquante, le service central de l'Aéronautique navale étudie un successeur au Neptune, qui arme alors les flottilles de patrouille maritime. Plusieurs options sont envisagées, notamment une adaptation du Noratlas de l'armée de l'Air, rapidement abandonnée.

La Marine estime cependant que la construction d'un nouvel avion purement national serait trop coûteuse et soumet aux pays de l'OTAN en 1958 le projet d'un avion entièrement nouveau, le Breguet 1150 Atlantic.

Le projet est approuvé par cinq nations, la France, l'Allemagne fédérale, l'Italie, les Pays-Bas et le Royaume-Uni qui s'engagent à le construire en commun sous la responsabilité d'un consortium international.

Le premier vol a lieu en 1961 et les premiers exemplaires de série sont livrés en 1965. Sur les quatre-vingt-sept exemplaires construits, la France en achète quarante. Pendant les années soixante-dix, les équipements techniques des appareils sont régulièrement modernisés, mais le besoin d'une reconfiguration complète est étudié au début des années quatre-vingt.

Plutôt qu'un avion nouveau, la décision est prise en 1977 de construire une nouvelle génération de l'appareil dénommée Atlantic II puis Atlantique. La construction est retardée pour des raisons financières et ne débute qu'en 1982. La France, qui cette fois est la seule à en acheter, reçoit son premier appareil en 1989. Des quarante-deux exemplaires prévus initialement, la série est réduite à vingt-huit, autant pour des raisons économiques que pour tenir compte de l'évolution internationale et de la disparition de l'Union soviétique qui voit décroître sensiblement la chasse aux sous-marins.

MARINE
DANGER

AGIR VITE ET LOIN, L'HÉLICOPTÈRE EMBARQUÉ

Dès l'origine de l'aérostation puis de l'aviation navale, l'embarquement de moyens aériens sur les bâtiments d'escadre a été envisagé, tant ils semblaient utiles pour connaître l'espace maritime environnant. Le ballon était cependant peu manœuvrable et était une cible facile pour l'artillerie. Quant à l'avion, le décollage et la récupération posaient des problèmes à peu près insurmontables. L'hydravion présentait en revanche moins de difficulté puisqu'il amerrissait. Dans les années vingt et trente, des systèmes ingénieux de catapultes ont été installés à bord des principaux bâtiments de combat pour propulser les hydravions en vol. Des grues ont également été installées pour les ramener à bord après leur amerrissage.

CI-DESSUS

LA PLATE-FORME D'APPONTAGE HÉLICOPTÈRE VU DE L'INTÉRIEUR DU NAVIRE.

PAGE DE GAUCHE

UN LYNX METTANT EN ŒUVRE SON SONAR ACOUSTIQUE.

MN.

CI-DESSUS

UN HYDRAVION D'AVANT-GUERRE SUR LA CATAPULTE D'UN CROISEUR.

L'utilisation de ces hydravions embarqués préfigure l'emploi des hélicoptères modernes.

MN

Ces manœuvres de catapultage et de grutage, longues et complexes, surtout par mer formée, ne permettaient cependant pas un usage facile de ces appareils et leur utilisation se trouvait limitée à des missions d'observation.

Après la Seconde Guerre mondiale, la situation change avec l'arrivée de l'hélicoptère. Ses capacités de décollage et d'atterrissage dans un espace très réduit permettent d'envisager son embarquement à bord des bâtiments d'escadre sans difficultés majeures. Le projet tarde cependant à se concrétiser en France, la Marine donnant la priorité aux hélicoptères basés à terre ou en les utilisant pour le sauvetage à bord du porte-avions.

CI-DESSUS

LA PLATE-FORME EST MOUVANTE ;

les manœuvres de décollage et d'apontage doivent être réalisées avec une grande précision.

MN.

CI-DESSUS
HÉLITREUILLAGE DEPUIS UN SOUS-MARIN
Le pilote d'hélicoptère doit être capable de travailler avec tous les types de navires.
MN.

Pour ce dernier usage, à l'instar de la Marine américaine, ils sont embarqués pour assurer le sauvetage des pilotes d'avions qui tomberaient à la mer pendant les manœuvres d'aviation ainsi que pour des missions de liaison entre le porte-avions et la terre.

Des essais d'embarquement d'hélicoptères sur des bâtiments d'escadre sont cependant menés dès le début des années cinquante. En 1950, un Bell 47D se pose sur la petite plate-forme installée sur le croiseur *Émile Bertin* qui mouillait en baie de La Ciotat. À titre de prototype, l'escorteur d'escadre *La Galissonnière* est doté d'un hangar et d'une aire d'appontage déployable et des essais sont menés en 1962 avec une Alouette II.

Mais c'est en 1969 que le projet de construire des bâtiments spécialement conçus pour embarquer des hélicoptères à titre de système d'armes et de complément logistique est lancé. Les frégates de type A-67, sont les premières à être conçues pour embarquer en permanence un hélicoptère ; elles équipent la Marine à partir de 1974.

Depuis lors, tous les nouveaux programmes de frégates intègrent la présence d'un hélicoptère. Navires et hélicoptères sont complémentaires, et ne se conçoivent plus l'un sans l'autre. Le navire assure la permanence et la liberté d'action en mer, l'hélicoptère apporte sa rapidité et sa capacité à agir loin ; il augmente les capacités du bâtiment et en devient un des systèmes d'armes.

Des hélicoptères conçus pour l'action en mer

Afin de pouvoir embarquer à bord des frégates de la Marine, l'hélicoptère doit réunir des caractéristiques physiques et techniques qui prennent en compte les spécificités du milieu marin et l'exiguïté de la plate-forme d'aviation : protection des équipements électroniques du bord contre la salinité et l'humidité ambiante, manœuvrabilité de l'appareil adapté à l'appontage et au décollage sur un espace réduit et mouvant, entretien et soutien réduits au minimum pendant les périodes en mer.

CI-DESSOUS
LE HANGAR HÉLICOPTÈRE D'UNE FRÉGATE.
L'appareil est placé sur un rail pour être déplacé.
MN.

CI-DESSUS
MAINTENANCE D'UN HÉLICOPTÈRE DANS LE HANGAR D'UNE FRÉGATE.
MN.

CI-DESSUS
L'APPONTAGE, UNE MANŒUVRE TRÈS PRÉCISE : le pilote doit poser son appareil dans le cercle alors que le bateau avance et que la plate-forme subit les mouvements de la mer.
MN.

La réussite d'un embarquement d'hélicoptère repose aussi sur la complémentarité des équipes techniques du navire et de l'hélicoptère qui doivent comprendre leurs modes de fonctionnement et leurs contraintes mutuelles. Cette complémentarité est d'autant plus nécessaire que les missions dévolues à l'hélicoptère embarqué n'ont cessé de croître et de se diversifier.

CI-CONTRE
L'HÉLICOPTÈRE DOIT ÊTRE « SAISINÉ » SUR LE PONT AUSSITÔT APRÈS L'APPONTAGE.
MN.

Les oreilles et les yeux déportés du navire

Les sous-marins constituent la principale menace des navires de surface. À l'origine, l'hélicoptère embarqué est utilisé pour la lutte anti-sous-marine en complément des systèmes de détection de la frégate. Progressivement, il a acquis un rôle essentiel dans le système de combat et devient le système d'arme principal de lutte anti-sous-marine.

L'hélicoptère Lynx, puis ensuite le Panther – une version armée du Dauphin de service public – ont été spécialement conçus pour cette mission. À longue distance de la frégate, ils peuvent rechercher le contact avec un sous-marin, analyser les informations qu'ils reçoivent et combattre le sous-marin en toute indépendance. Dans les années quatre-vingt-dix, à l'instar des avions de patrouille maritime, ils ont aussi été dotés d'un ensemble de largage de bouées passives et de retransmission de signaux qui sont ensuite analysés à bord de la frégate.

La liberté de manœuvre de l'hélicoptère est d'autant plus grande qu'il est peu vulnérable face à la menace sous-marine, les sous-marins n'ayant pas de capacité anti-aérienne.

Le NH 90, successeur du Lynx, entrera prochainement en service dans la Marine et apportera des capacités sensiblement accrues avec des capteurs encore plus performants, une autonomie de vol supérieure et l'emport de nouvelles torpilles sous-marines. Il aura alors pratiquement les capacités d'un avion de patrouille maritime.

Dans le domaine de la lutte au-dessus de la surface, l'hélicoptère embarqué agit comme les yeux du bateau. Il domine l'espace maritime et peut voir et détecter les menaces

CI-CONTRE
INTÉRIEUR D'UN LYNX EN SURVOL DE LA MER.
MN.

CI-DESSUS
LYNX METTANT EN ŒUVRE SON SONAR ACOUSTIQUE.
MN.

au-delà de la ligne d'horizon de la frégate. Les capteurs sophistiqués qu'il emporte lui permettent d'établir une situation de zone étendue autour du bâtiment. La frégate peut ainsi être informée des menaces tout en restant hors de portée du danger.

Le NH 90 pourra, grâce à des améliorations techniques considérables, travailler en réseau avec plusieurs bâtiments. Il disposera d'une autonomie dans le traitement des informations et aura la capacité de tirer des missiles contre des navires hostiles.

La polyvalence des missions

En plus de ses missions traditionnelles de lutte anti-sous-marine et anti-navire, l'hélicoptère embarqué est aussi utilisé pour la lutte contre les mines, qu'il peut détecter visuellement et bientôt par des moyens techniques. En soutien de la frégate ou d'une force navale, il participe couramment au transfert de matériel ou de personnel. En opérations, il assure le transport et la mise en place de commandos.

CI-CONTRE
HÉLICOPTÈRE LYNX TIRANT UNE TORPILLE.
MN.

Un appareil particulièrement bien adapté aux nouvelles menaces en mer

Trafic de drogue, actions terroristes et piraterie sont en augmentation depuis quelques années. Ces menaces, qu'il est convenu d'appeler « asymétriques » puisqu'elles opposent des États à des groupes non étatiques, ont nécessité une adaptation des modes d'intervention en mer. Les trafiquants utilisent des moyens légers et extrêmement rapides. Le bateau de guerre, assez lent n'est pas le moyen d'intervention adapté pour faire face à cette véritable « guérilla en mer ». L'hélicoptère répond à cette évolution de la menace et devient l'arme principale de l'action de l'État en mer. Œil et bras armé du bateau, il devient un acteur essentiel et agit comme un moyen de contact direct capable de mener un combat rapproché.

CI-DESSUS
TIREURS D'ÉLITE DES COMMANDOS ARMÉS DANS UN HÉLICOPTÈRE PANTHER.
MN.

CI-CONTRE
HÉLICOPTÈRE PANTHER
lors du survol d'un supertanker au cours d'une mission de surveillance maritime.
MN.

CI-CONTRE
L'HÉLICOPTÈRE NH 90
qui doit remplacer progressivement les appareils en service actuellement dans la Marine.
MN.

Le NH 90, futur hélicoptère embarqué

En 2011, la Marine mettra en service le nouvel hélicoptère NH 90 destiné à remplacer les Lynx et les Super-Frelon. Sa version « navalisée » est destinée à armer les frégates Horizon et Multimissions ainsi que le porte-avions et occasionnellement les bâtiments de projection et de commandement. Ses équipements lui permettront d'assurer avec une performance accrue les missions des hélicoptères embarqués actuels.
Dans la lutte anti-navire, le NH 90 pourra établir et transmettre une situation de surface, identifier et attaquer des objectifs. En lutte anti-sous-marine, il sera à même d'effectuer des recherches, localiser un sous-marin, le reconnaître et, s'il emporte un armement, l'attaquer. Le NH 90 existera aussi en version « soutien » en remplacement du Super-Frelon. Dans cette version, il participera au secours des naufragés et au soutien logistique des bateaux en mer, mais aussi dans les actions de combat puisqu'il pourra transporter jusqu'à vingt commandos par tous les temps.

L'hélicoptère n'agit pas seul, mais il est au centre d'un dispositif complexe. L'avion de patrouille maritime assure le repérage et le pistage de l'embarcation hostile, les commandos, prépositionnés sur la frégate sont parés pour une éventuelle intervention et l'hélicoptère assure la poursuite à très basse altitude de l'embarcation avec à son bord des tireurs d'élite.

Ces modes d'action, mis en place au départ pour lutter contre le trafic de drogue aux Antilles, s'appliquent après quelques adaptations, à la piraterie en océan Indien. Ici, c'est la proximité de la côte, où les pirates trouvent facilement refuge quand ils sont repérés, qui justifie l'usage de l'hélicoptère.

LE SECOURS EN MER : L'HÉLICOPTÈRE DE SERVICE PUBLIC

Le secours en mer est une mission traditionnelle de la Marine. Administration la plus nombreuse de l'État en mer, elle joue un rôle majeur dans les missions de service public en mer aux côtés des autres administrations et des moyens civils publics, privés ou associatifs.

Toutes les composantes de la Marine participent aux missions de service public. Les moyens aériens apportent la rapidité et la polyvalence nécessaire. C'est pourquoi la Marine, avec le Secrétariat général pour la mer, participe désormais à une organisation spécifique, la fonction garde-côte, pour le secours et le service public en mer, avec des moyens spécialement consacrés à cette mission.

PAGE DE GAUCHE
UN SUPER-FRELON EN VOL.
MN.

CI-DESSUS
UN DAUPHIN DE SERVICE PUBLIC EN PRÉPARATION POUR UNE MISSION.

Les avions et les hélicoptères d'alerte

L'avion et l'hélicoptère sont complémentaires. Lorsqu'une zone de recherche en mer est très vaste, trop éloignée des côtes ou incertaine, ou encore en cas de conditions météorologiques difficiles, l'avion de surveillance et de patrouille maritime est utilisé pour la recherche et le largage de matériel de survie. L'avion facilite l'intervention ultérieure de l'hélicoptère en lui indiquant la route à suivre et en l'informant sur les conditions de l'événement qu'il a survolé.

Un Falcon 50 et un Atlantique basés à Lorient et à Nîmes sont en permanence en alerte pour cette mission.

Tous les hélicoptères embarqués sur les frégates, le porte-avions et les bâtiments de projection et de commandement sont aptes au secours en mer et leurs équipages y sont formés. Par nature ils sont toujours en alerte et peuvent décoller dans des délais très courts. Ils interviennent principalement en haute mer là où les appareils basés à terre ne peuvent intervenir.

Le porte-avions est un cas particulier car il embarque plusieurs hélicoptères. Outre leur mission de transport au profit du bord et de la force navale, ils servent surtout pour l'assistance aux pilotes d'avions en cas d'accident pendant les manœuvres de catapultage et d'appontage.

EN HAUT
UN ATLANTIQUE avec sa soute ouverte qui permet de larguer du matériel de survie.
MN.

CI-DESSUS
UN DAUPHIN DE SERVICE PUBLIC.
MN.

CI-DESSUS
LE GARDIAN assure outre-mer des missions de service public.
MN.

Le dispositif de secours en mer en métropole

La plupart des événements de mer qui nécessitent l'intervention des hélicoptères ont lieu dans une zone de deux cents à trois cents kilomètres des côtes car les activités humaines y sont les plus nombreuses : trafic maritime intense (six cents bateaux transitent quotidiennement dans la Manche), pêche, activités de loisirs. La probabilité d'accidents est donc importante avec des conséquences en chaîne possibles sur la sécurité nautique et l'environnement : collision, pollution, victimes humaines et épaves dérivantes…

Pour prévenir et intervenir dans ces situations, l'État a mis en place des moyens qui interviennent sous l'autorité des préfets maritimes.

L'organisation repose sur un dispositif d'hélicoptères répartis le long du littoral, avec des équipages entraînés au secours en mer. Le jour, ces équipages réagissent dans un délai effectif de vingt minutes et la nuit de quarante. Les détachements d'hélicoptères sont organisés pour assurer cette permanence tout au long de l'année. Les appareils sont équipés spécialement pour les missions de secours et de service public qui sont dans les faits très variées : secours en mer, évacuations sanitaires ou médicales, lutte antipollution, assistance aux navires en difficulté. Le préfet maritime peut aussi réquisitionner les moyens pour agir à l'intérieur des terres, par exemple en cas d'inondation ou de catastrophe majeure, en complément des moyens de la sécurité civile.

Les hélicoptères des bases aéronavales, prévus pour des missions purement militaires peuvent aussi renforcer le dispositif civil en cas de besoin.

En mer, les aéronefs de la Marine peuvent intervenir jusqu'à cent cinquante milles (deux cent soixante-dix kilomètres) pour le Super-Frelon, et à cent vingt milles (deux cent vingt kilomètres) pour le Dauphin.

CI-CONTRE
TREUILLAGE PAR UN HÉLICOPTÈRE SUPER-FRELON.
MN.

CI-CONTRE
UN SUPER-FRELON treuille un plongeur depuis un chalutier.
MN.

Le dispositif comprend deux types de moyens complémentaires, les hélicoptères lourds, de type Super-Frelon et bientôt NH 90 et des appareils légers types Dauphin dits de service public.

L'hélicoptère lourd Super-Frelon a été le premier moyen mis en place dès 1968 pour le service public. C'est un hélicoptère de treize tonnes dont l'équipage est composé de quatre personnes. Il embarque aussi, selon les missions, une équipe médicale ou d'évaluation et de première intervention. Fort d'une autonomie de trois heures, il peut embarquer vingt-sept personnes assises ou quinze civières et transporter plus de quatre tonnes de matériel sous élingue.

Appareil puissant, il a été conçu à l'origine pour des missions purement militaires sur le porte-avions ou avec les commandos, missions pour lesquelles il n'est presque plus utilisé. Dans les missions de service public, il peut intervenir de jour comme de nuit, par tous les temps pour la recherche et le sauvetage de bâtiments ou de personnes en perdition, la lutte contre les pollutions maritimes ou l'assistance technique.

Depuis l'année de sa mise en service en 1966, le Super-Frelon a secouru plus de deux mille personnes. Plusieurs des missions de sauvetage auquel il a participé sont restées célèbres : en mars 1978, par une nuit de tempête au cours de deux vols successifs, un équipage de Super-Frelon sauve trente-trois membres d'équipage du pétrolier *Amoco Cadiz* qui s'était échoué sur les

CI-DESSOUS
EXERCICE DE TREUILLAGE D'UN COMMANDO PAR UN SUPER-FRELON.
MN.

CI-CONTRE
LE SUPER-FRELON, à l'époque dans sa version bicolore, a été le premier moyen de secours à arriver sur l'épave de l'*Amoco Cadiz* qui venait de se briser en mer d'Iroise. Il sauva à lui seul la plupart des membres de l'équipage du pétrolier.
MN.

côtes bretonnes. De même en décembre 1992, de nuit et dans des conditions météorologiques très difficiles, vingt-six marins du pétrolier *Erika* sont hélitreuillés par des équipages de Super-Frelon.

La flotte de Super-Frelon est ancienne, près de quarante-quatre ans d'âge. Pour faciliter la maintenance, tous les appareils sont réunis sur la base de Lanvéoc-Poulmic, à proximité du trafic maritime de la pointe de

CI-CONTRE
UN DAUPHIN DE SERVICE PUBLIC participe à un exercice de treuillage avec une vedette de la Société nationale de sauvetage en mer (SNSM).
MN.

Bretagne et de la Manche. Ils tiennent une alerte à une heure le jour et deux heures la nuit.

Le Super-Frelon sera retiré du service en 2010. Son remplaçant, le NH 90, n'arrivera dans la Marine qu'en 2011. Afin de conserver une capacité de secours suffisante en attendant son arrivée, la Marine s'est équipée de deux hélicoptères de type EC 225.

À partir de 1974, il est apparu nécessaire de détacher un hélicoptère à Cherbourg pour des missions de sauvegarde et de servitude. Comme le Super-Frelon ne se justifiait pas, la Marine a loué les services de sociétés disposant d'hélicoptères pour déposer des pilotes hauturiers sur les superpétroliers remontant la Manche en direction du nord. Un appareil de type Sikorsky S-58T a été exploité jusqu'en 1984 puis ensuite un Dauphin. En 1987, la Marine acquiert l'appareil. Progressivement, des détachements de Dauphin sont créés afin de couvrir tout le littoral, en 1991 au Touquet puis à La Rochelle, en 1995 en Méditerranée, à Ajaccio l'été et à

CI-CONTRE
UN SUPER-FRELON PARTICIPE AUX OPÉRATIONS DE DÉPOLLUTION, à l'occasion d'une marée noire sur la côte bretonne.
MN.

CI-DESSUS
LE DÉTACHEMENT D'HÉLICOPTÈRE DE SERVICE PUBLIC DE CHERBOURG.
Il a été le premier à être créé pour l'assistance aux navires en difficulté dans la Manche.
MN.

Hyères l'hiver, enfin à Lanvéoc en 2003. À partir de 1994, tous les appareils de ces détachements appartiennent à la Marine. Ils sont à la disposition du préfet maritime et tiennent une alerte permanente.

Les Super-Frelon et les Dauphin de service public interviennent souvent dans des conditions extrêmes de jour comme de nuit.

Les équipages d'hélicoptères de service public et de secours en mer ont l'habitude de travailler avec les autres acteurs du service public en mer et du monde maritime.

L'hélicoptère Pedro

Embarqué à bord du porte-avions, l'hélicoptère Pedro a pour fonction d'assurer la sécurité des opérations aériennes. Il doit récupérer rapidement les équipages d'avions tombés en mer.
À chaque manœuvre aérienne de catapultage ou d'appontage, de nuit comme de jour, le Dauphin vient se placer à quelques dizaines de mètres du porte-avions, à bâbord le jour et à tribord la nuit. Il peut intervenir en quelques secondes.
Afin d'éviter toute indisponibilité qui paralyserait ses mouvements aériens et donc la mission, le porte-avions embarque plusieurs appareils pour la mission, Pedro, Dauphin et Alouette.
Bien sûr, en dehors des activités de secours, les trois hélicoptères embarqués sont utilisés pour des missions de transport entre les bâtiments de la force navale.

CI-DESSUS
UN HÉLICOPTÈRE ALOUETTE III EN MISSION PEDRO en survol du porte-avions *Charles de Gaulle*.
MN.

EADS
DEFENCE
& SECURITY

PRÉPARER L'AVENIR

Dans un environnement fortement évolutif, comme l'a analysé le Livre blanc pour la défense et la sécurité en 2008, l'adaptation des équipements de la défense aux menaces est essentiel. Le besoin de surveillance et d'intervention en mer et à partir de la mer s'accroît d'autant plus que la liberté de navigation revêt chaque jour plus d'importance dans un monde et une économie globalisés.

La conception des nouveaux équipements repose sur l'évolution prévisible des missions, telles que les nouvelles menaces, la maîtrise de nouveaux risques et la mise en place de systèmes de recueil et d'échange d'informations. Le souci d'efficience et d'optimisation des coûts est un élément déterminant, comme le sont également la mutualisation des tâches communes et la formation des pilotes et des techniciens.

La préparation de l'avenir, c'est à court terme la modernisation ou le renouvellement des matériels existant et, à plus long terme, la conception et la réalisation d'équipements entièrement nouveaux qui modifieront profondément la surveillance et l'action en mer à partir d'aéronefs.

PAGE DE GAUCHE
UN PROTOTYPE DE DRONE sur le pont d'un bâtiment de projection et de commandement.
MN.

La modernisation et le renouvellement des composantes actuelles

CI-CONTRE
L'AVION DE GUET AÉRIEN HAWKEYE
sera soit rénové, soit remplacé à l'horizon 2020 par un nouveau type d'avion.
MN.

Au cours de la prochaine décennie, toutes les composantes actuelles de l'Aéronautique navale seront renouvelées.

Pour les avions de chasse embarquée, le Super-Étendard sera retiré du service vers 2015 tandis qu'au même moment une troisième flottille de Rafale de standard F3 sera constituée. À l'horizon 2020, le Hawkeye dans sa version actuelle sera rénové, à moins qu'un nouveau type d'avion ne soit choisi pour lui succéder.

La patrouille maritime verra la rénovation de l'Atlantique, d'abord de son système acoustique et de ses équipements de lutte anti-sous-marine puis, vers 2015, une amélioration globale de ses capacités. Cette rénovation majeure est indispensable pour adapter l'avion aux besoins futurs de protection de la force océanique stratégique et d'une force navale à la mer. La montée en puissance et la sensibilité des missions pour l'action de l'État en mer nécessitent aussi une adaptation des avions de surveillance maritime Falcon 50 et 200 en attendant l'arrivée vers 2020 d'un type d'appareil entièrement nouveau, l'avion de surveillance et d'intervention maritime. L'arrivée des drones, aéronefs sans pilote, dans un avenir encore incertain, de même que l'évolution des systèmes d'identifications automatiques et des satellites vont faire baisser la charge de surveillance de ces avions, les aéronefs pilotés se recentrant alors sur les missions où l'intervention de l'homme est indispensable.

Pour la composante hélicoptères, on a vu que les Super-Frelon seront retirés du service en 2010 puis ensuite les Lynx quelques années plus tard, remplacés progressivement par le NH 90 à partir de 2011. Cette période nécessitera des mesures transitoires pour les missions de service public. À l'horizon 2018, tous les hélicoptères légers et de moyen tonnage devraient être remplacés par un nouvel appareil commun aux trois armées. Son type unique permettra une rationalisation de la flotte et des économies d'entretien et de formation.

De nouveaux armements tactiques

Au cours de la prochaine décennie, l'Aéronautique navale va recevoir deux nouvelles armes de précision air-surface et air-sol qui augmenteront sensiblement ses capacités offensives, notamment face aux menaces asymétriques.

L'armement air-sol modulaire (AASM), de fabrication française, est un missile commun à la Marine et à l'armée de l'air. Il offrira une capacité de frappe à près de cinquante kilomètres avec une précision de quelques mètres de jour comme de nuit et par tous temps. Ses capacités technologiques sont nettement supérieures aux armes guidées actuelles et sa précision de tir permet de réduire sensiblement les effets collatéraux. La Marine devrait recevoir ses premiers exemplaires dans les prochaines années pour équiper les Rafale du groupe aérien embarqué.

En 2015, les hélicoptères de la Marine devraient être équipés du nouveau missile air-surface dit anti-navire léger. Destiné à équiper les Panther, ce nouvel armement donnera une véritable capacité offensive de combat. À terme, il pourrait aussi armer, sous réserve de quelques adaptations, les avions de patrouilles maritimes et les NH 90.

Ces deux nouveaux armements permettront de doter les aéronefs de la Marine de moyens offensifs modernes pour effectuer des frappes de précision.

CI-CONTRE
L'HÉLICOPTÈRE NH 90
remplacera progressivement, à partir de 2011, les Super-Frelon, les Lynx et les Panther.
MN.

L'avion de surveillance et d'intervention maritime

Dans la perspective du remplacement des avions de type Nord 262, Falcon 50M et Falcon 200 Gardian, pour la surveillance des zones maritimes de métropole et surtout outre-mer, la Marine envisage la conception ou l'achat d'un nouvel avion à l'horizon 2020.

Des études sont engagées avec les industriels pour définir les solutions les plus adaptées pour moderniser la capacité actuelle de surveillance et d'intervention en tenant compte des besoins futurs et des nouvelles menaces, de même que l'arrivée des drones et des capacités futures des satellites et des radars côtiers.

CI-DESSUS ET CI-DESSOUS
UN NOUVEL AVION DE SURVEILLANCE ET D'INTERVENTION MARITIME
devrait remplacer les Nord 262, Falcon 50 et Falcon Gardian vers 2020.
MN.

Les recherches sur les drones embarqués

CI-CONTRE
UN PROTOTYPE DE DRONE EMBARQUÉ.
MN.

Le livre blanc sur la défense et la sécurité, adopté en 2008, a mis en avant la pertinence du concept des aéronefs sans pilote pour leur capacité dans le domaine du renseignement. Ils permettent en effet de remplir des missions de surveillance longues, répétitives ou dangereuses, tandis que les avions et hélicoptères assurent les missions de combat et celles qui justifient l'intervention humaine. Les drones sont complémentaires des autres aéronefs mais présentent l'avantage d'un coût moindre (un drone coûte dix fois moins cher qu'un avion piloté), d'une endurance en vol importante et une moindre exposition de la vie des équipages.

La Marine en prévoit l'acquisition pour deux usages. Les premiers, assez semblables aux drones terrestres, seront utilisés à partir des bases aéronavales pour assurer des tâches routinières sur la bande littorale où le besoin de surveillance est permanent. Ils se substitueront en partie aux avions de surveillance maritime. Les seconds, les plus novateurs, seront des drones aériens embarqués à vocation tactique pour les missions de surveillance et d'acquisition de renseignement au profit d'une force navale à la mer. Complémentaires des hélicoptères embarqués, ils seront considérés comme des capteurs déportés du bateau pour agir au-dessus ou à partir de la mer. Comme ils devront décoller et apponter sur les plates-formes exiguës, ils seront à voilure tournante pour effectuer des manœuvres aériennes d'approche extrêmement précises. Ils devraient être capables de détecter et d'identifier des cibles jusqu'à cent à cent cinquante milles du navire porteur et de voler à très basse altitude. Ils disposeront de capacité de guerre électronique et d'autoprotection par brouillage et leurrage.

Les travaux actuels sont menés conjointement avec l'armée de terre. En octobre 2008, des démonstrations d'appontages et de décollage de drone ont eu lieu sur une frégate de la Marine.

L'arrivée des drones générera une révolution des méthodes de surveillance des espaces maritimes.

NH
90

CONCLUSION

Le débat sur la pertinence de l'emploi des moyens aériens militaires, navals ou non, s'est poursuivi tout au long du XXe siècle pour savoir s'ils devaient être utilisés seuls ou opérer en liaison avec les moyens terrestres et maritimes. Le débat est désormais clos sans équivoque. De la combinaison des moyens militaires et de leur coordination dépend pour une bonne part le succès des opérations. L'Aéronautique navale y a sa part, parce qu'elle maîtrise la troisième dimension en mer. Dans le domaine naval, elle agit en complément des bâtiments de surface et des sous-marins, mais aussi parfois seule, à proximité des côtes principalement, là où les activités humaines sont les plus intenses, et qu'il faut agir vite avec des moyens légers.

Une grande Marine océanique ne peut aujourd'hui faire l'impasse d'une composante aérienne moderne et complète. C'est à quoi s'attache la Marine nationale depuis maintenant un demi-siècle au prix d'un investissement humain et financier considérable. L'efficacité des opérations aéronavales repose sur le partage d'une culture maritime commune et d'une pratique opérationnelle soutenue.

Face à la complexité technologique du matériel au coût sans cesse croissant, il est tentant de rechercher une mutualisation de tous les moyens aériens militaires. C'est cependant ignorer la dimension maritime de l'Aéronautique navale. Un savoir-faire unique et irremplaçable, fruit d'une expérience centenaire et fragile.

PAGE DE GAUCHE
LE NH 90, futur hélicoptère que la Marine doit acquérir en 2011.

■ Chronologie sommaire

1895 : Clément Ader publie une étude dans laquelle il prévoit l'avènement de l'aéronavale, et surtout du porte-avions dont il pense qu'il devrait révolutionner la stratégie navale.

1910 : Sept officiers de Marine sont formés et brevetés pilotes d'aéroplane. En décembre, la Marine acquiert son premier avion, un biplan Farman.

1911 : Le capitaine de vaisseau Daveluy est chargé d'étudier les applications de l'Aéronautique maritime. Il propose un premier projet d'organisation. La *Foudre* est désignée comme bâtiment central d'aviation.

1912 (12 mars) : L'aviation maritime est créée par décret.

1914 (8 mai) : René Caudrou effectue le premier décollage, depuis la *Foudre*.

1916 : Création de la commission d'études pratiques de l'aviation.

1917 : Création des insignes de poitrine des pilotes et des observateurs (devenu le personnel volant non pilote).

1920 : Deux Zeppelin sont livrés à la France au titre des dommages de guerre.

1923 (21 décembre) : Accident en mer et disparition du *Dixmude*.

1926 (9 novembre) : Premier appontage sur le *Béarn*.

1928 : Admission au service actif du *Béarn*.

1924 : Réception des premiers bombardiers Farman 60 Goliath (existent en version à roues et flotteurs).

1926 : Installation de la première catapulte sur le *Primauguet*.

1931 : Le porte-hydravions *Commandant Teste* est admis au service actif.

1932 (15 août) : Premier appontage de nuit à bord du *Béarn*.

1940 (7-8 juin) : Le capitaine de corvette Daillière, atteint Berlin avec le *Jules Verne*, un Farman quadrimoteur et largue deux tonnes de bombes.

1940 : À Mers el-Kébir et Dakar, des avions de l'Aéronautique navale sont engagés contre les britanniques.

1941 : Constitution au Royaume-Uni du 340 Squadron « Île de France » doté de Spitfire.

1942 – 1943 : Détachement de marins de l'Aéronautique FNFL aux États-Unis

1943 : Reconstitution de l'Aéronautique navale en Afrique du Nord.

1945 (juillet) : Plan de réarmement de l'Aéronautique navale. Le Royaume-Uni cède un porte-avions d'escorte, le futur *Dixmude*.

1946 : Le Royaume-Uni prête à la France le *Colossus*, futur *Arromanches*.

1947 : Première participation d'un porte-avions à la guerre d'Indochine.

1950 : Arrivée des B4Y-2 Privateer en version ASM, bientôt utilisés comme avions de bombardement.

1951 : Prêt du porte-avions *La Fayette* par les États-Unis.

Création de la première formation d'hélicoptères à Saint-Mandrier.

1952 (15 octobre) : Premier sauvetage par hélicoptère en baie d'Along.

Transfert du porte-avions *Bois Belleau* par les États-Unis.

1952 : Arrivée des quadrimoteurs de lutte ASM Avro-Lancaster.

CI-DESSUS
DEWOITINE 520 en escale en Italie et en route pour les combats du Liban en juillet 1941.
ARDHAN.

1953 : Arrivée des Neptune de lutte anti-sous-marine.

1954 : Réception des premiers Aquilon, avions de chasse embarqués.

1955 : Engagement de l'Aéronautique navale dans les événements d'Algérie.

1956 : L'*Arromanches* et le *La Fayette* participent à l'expédition de Suez.

1959 : Entrée en service de l'Alizé.

1961 : Admission au service actif du porte-avions *Clemenceau*.

1961 : Deux flottilles de Corsair participent aux (brefs) combats autour de Bizerte.

1962 : Première flottille d'Étendard IV.

1963 : Admission au service actif du porte-avions *Foch*.

1964 : Admission au service actif du porte-hélicoptères *Jeanne d'Arc*.

Livraison des premiers Crusader.

Entrée en service de l'Étendard IV P de reconnaissance photo.

1965 : Réception des premiers Atlantic.

1966 : Entrée en service des Super-Frelon.

1966 – 1968 : Participation de l'Aéronautique navale à la protection des essais nucléaires dans le Pacifique.

1974 – 1977 : Opérations « Saphir » des porte-avions en océan Indien (indépendance de Djibouti).

CI-DESSUS
UN HAWKEYE À L'APPONTAGE SUR LE *CHARLES DE GAULLE*.

1978 : Entrée en service du Lynx, l'hélicoptère embarqué de lutte anti-sous-marin.

Entrée en service des Super-Étendard.

1980 : Lancement du programme d'un porte-avions nucléaire.

1984 : Entrée en service du Falcon 200 Gardian.

1987 – 1988 : Le *Clemenceau* en océan Indien (guerre Iran-Irak).

1989 : Livraison des premiers Atlantique.

1990 – 1991 : Le *Clemenceau* intervient comme porte-hélicoptères pendant la première guerre du Golfe.

1990 : Livraison des premiers Dauphin de service public.

1994 : Réception du Panther, version armée du Dauphin de service public.

1995 : Fermeture de la base de Fréjus-Saint-Raphaël.

1999 : Arrivée du Falcon 50, avion d'affaires adapté pour la surveillance en mer.

2000 : Arrivée des Hawkeye, avions embarqués de guet aérien.

2000 : Création de la force de l'Aéronautique navale.

2001 : Arrivée du Rafale.

Admission au service actif du *Charles de Gaulle*.

Mission du groupe aéronaval en océan Indien.

2005 : Le Super-Frelon réalise son deux millième sauvetage.

2008 : Premier appontage d'un drone sur un bâtiment de surface.

2010 : La Marine réceptionne des EC 225 pour remplacer le Super-Frelon en attendant l'arrivée du NH 90.

2010 : L'Aéronautique navale fête ses 100 ans.

TABLE DES MATIÈRES

5 • Avant-propos

7 • Des origines à 1945 : le temps des résistances et des hésitations

8 • Les rapides progrès de l'aviation
10 • 1910 : la création de l'aviation maritime
11 • Les fortes réticences du milieu maritime
12 • Les initiatives du capitaine de vaisseau Daveluy
13 • 1912 : la création officielle du Service de l'aviation maritime
14 • La *Foudre*, premier porte-hydravions français
14 • 1914-1918 : le sous-marin et l'avion bouleversent la stratégie navale
15 • Les premières participations aux combats
17 • L'aviation maritime se réorganise
18 • La lutte contre la guerre sous-marine
21 • Situation de l'Aéronautique maritime à la fin du conflit
22 • 1919-1939 : le temps des hésitations
23 • Quelle place pour l'Aéronautique maritime ?
24 • Le déclin de l'aérostation maritime
25 • L'aviation embarquée et les porte-avions
27 • Les hydravions et le transport d'hydravions
29 • Les grands hydravions d'exploration
30 • Les autogires, ancêtres de l'hélicoptère
31 • La Seconde Guerre mondiale, l'Aéronautique navale éclatée
32 • La campagne de France : les premiers vrais combats de l'Aéronautique navale française
32 • Les engagements compliqués outre-mer
34 • Les pilotes au sein des Forces navales françaises libres (FNFL)
35 • La renaissance de l'Aéronautique navale

37 • De 1945 aux années 2000 : la création d'une Aéronautique navale moderne

38 • Les Alliés fournissent du matériel
40 • L'avènement de l'hélicoptère et la disparition progressive des hydravions
42 • L'Aéronautique navale dans les conflits d'Indochine et d'Algérie
44 • Des matériels neufs de construction française
47 • Des hélicoptères embarquent sur les bâtiments de surface
48 • La patrouille maritime et la protection des sous-marins nucléaires
48 • Les engagements outre-mer
49 • Les restructurations après la fin de la guerre froide